国家自然科学基金青年项目（项目编号：72102029）

可持续实践及其对供应链弹性的影响机制研究

崔　丽◎著

中国商务出版社

·北京·

图书在版编目（CIP）数据

可持续实践及其对供应链弹性的影响机制研究／崔
丽著. -- 北京：中国商务出版社，2024.10. -- ISBN
978-7-5103-5537-0

Ⅰ. F259.22

中国国家版本馆 CIP 数据核字第 2025FW2856 号

可持续实践及其对供应链弹性的影响机制研究

崔　丽◎著

出版发行：中国商务出版社有限公司

地　　址：北京市东城区安定门外大街东后巷 28 号　邮　　编：100710

网　　址：http://www.cctpress.com

联系电话：010—64515150（发行部）　　010—64212247（总编室）
　　　　　010—64515164（事业部）　　010—64248236（印制部）

责任编辑：杨　晨

排　　版：北京天逸合文化有限公司

印　　刷：宝蕾元仁浩（天津）印刷有限公司

开　　本：710 毫米×1000 毫米　1/16

印　　张：14.25　　　　　　　　　　字　　数：210 千字

版　　次：2024 年 10 月第 1 版　　　　印　　次：2024 年 10 月第 1 次印刷

书　　号：ISBN 978-7-5103-5537-0

定　　价：79.00 元

前　言

本书是 2022 年度国家自然科学基金青年项目"可持续供应链管理实践聚类及其对供应链弹性的作用——一个整合的视角"（项目编号：72102029）的研究成果。

作者从如何开展可持续供应链管理实践以及提升供应链弹性的现实问题出发，通过阅读国内外大量的经典主流文献，归纳总结了如何识别重要的可持续供应链管理实践以及如何通过可持续实践提升供应链弹性两大类问题，具体涉及四个子课题：循环供应链关键实践研究；可持续供应商选择标准研究；供应链学习对供应链弹性的影响研究；控制机制对供应链弹性的影响研究。本书以中国制造企业为研究对象，通过专家问卷以及大样本数据等方式，采用专家评价、实证检验等多种规范研究方法对上述四个问题展开研究，研究结论可为制造企业开展可持续供应链管理实践活动及提升供应链弹性提供对策建议，也可为相关部门制定和完善供应链管理规章制度提供借鉴参考。

限于作者的时间、精力和水平，错漏在所难免，敬请广大专家学者和读者批评指正。同时，感谢陈龙、吴浩、姜佳琳和金子怡同志参与书稿部分章节的统稿工作。

作　者

2024 年 8 月

目　录

图目录

表目录

第一章 绪 论

第一节 研究背景及问题的提出

当今世界正值百年未有之大变局，全球化的发展给生产、贸易以及供应链行业组织关系带来了巨大影响，引发了全球范围内货物、信息以及服务的协调问题（Juneho and Han，2021），全球的供应链变得越来越复杂，链上成员的相互联系和依赖程度也越来越高，这也导致一旦某个环节出现错误，整个供应链都会遭受影响，加剧了供应链的脆弱性与不确定性（Zhao，Ji and Feng，2020）。特别是各种突发事件导致供应链的稳定性降低，使供应链更容易中断并对企业和社会经济造成了严重的干扰。例如，在公共卫生领域，CO-VID-19 的传播给全球供应链的运营造成严重影响，生产的严重不确定性增加了全球供应链意外中断的可能性（Cui et al.，2022a）；针对极端天气情况，2022 年巴西、澳大利亚和尼日利亚等地区的严重暴雨灾害也对矿石与农产品供应造成影响（Halkos and Gkampoura，2021）；在地缘政治因素方面，乌克兰危机干扰了全球的粮食安全，增加了粮食安全的脆弱性，依赖进口粮食的国家的供应链受到严重影响，国家面临粮食短缺的严重风险（Zhang et al.，2024）。由此可见，供应链在面对干扰或中断情况时能否及时进行调整与恢复直接关系到链上企业的生存发展。对于供应链及企业而言，提高抗风险能力以应对复杂多变的形势从而保持供应链的稳定运营就显得格外重要。供应链弹性是一种能够快速应对中断、从中断中恢复并且获得经验知识的能力。高水平的供应链弹性能够帮助供应链在面对干扰或产生中断后及时恢复至初始状态甚至达到更好的状态（张华、顾新，2024）。因此，企业应提升供应链弹性来应对意外风险，快速适应市场与环境的变化，维持自身的竞争优势，实现供应链以及链上企业的长远发展。与此同时，联合国可持续发展解决方案网络与贝塔斯曼基金会联合发布的《2019 年实现可持续发展目标所需转变及其指数和指示板全球报告》中指出，各国生态领域的表现普遍不好，大多数国家都需要加快转变能源消费结构，向能源绿色化转型（周全、董战峰、潘若曦，2021）。企业在追求可持续发展目标时，必须兼顾经济、环境和社会责任，这是三重底线（Triple Bottom Line，TBL），也是对企业的基本要求。但是，对于环境和社会问题依然比较突出的中国制造业，改变这一现状需要耗费企业大量资源和精力，加之其目前正处于高消耗、高污染、高排放的阶段，解决这一问题变得尤为艰难。2023 年《每日经济新闻》梳理发现，有 35 家上市公司暴露了环境风险并遭到巨额罚款。由于企业在变革过程中不主动关注这类问题，也引发了一系列企业运营问题。如长生生物疫苗、富士康罢工等事件，不仅导致员工流失等问题，还给企业形象造成严重的后果，给中国制造企业敲响了警钟（Sun and Hu，2020；王治莹等，2022）。可见，如何践行可持续实践去解决企业面临的经济、环境和社会问题从而促进供应链弹性的建设以应对风险就变得十分必要。

关于供应链可持续实践，由于循环经济对环境可持续的作用越来越受到企业的关注（Ghisellini，Cialani and Ulgiati，2016），企业不仅在其内部推广循环经济的概念，还将其扩展到供应链上下游的合作伙伴（Bag，Gupta and Foropon，2019；Ripanti and Tjahjono，2019；Garrido-Hidalgo et al.，2012；Zhao et al.，2022），尝试开展循环供应链实践（CSCP），从而减少整个供应链上的资源浪费，促进回收利用，提高生产运营效率（De Angelis，Howard and Miemczyk，2018；Farooque et al.，2019）。目前，许多行业已经认识到并开始尝试 CSCP（Li et al.，2010；Hu et al.，2011；Ma et al.，2015；Genovese et al.，2017）。例如，实施多级供应链管理，对企业塑造更加强大的竞争力、构建更加稳定的长期发展能力至关重要。实施多级供应链管理能够促进企业优化供应链网络运营的总体成本、协调供应链深层次网络关系，从而提高效率、保证供应链的弹性、降低供应链的管理风险、加强风险控制水平、提高产品创新转换机遇等。但是，在多级供应链管理中，可能因为信息不对称、利益诉求不一致、资源耗费大等问题使管理过程异常困难。在当下全球倡议发展可持续的时代背景下，利益相关者要求企业整合经济、环境和社会三重属性，从可持续性的角度出发，做出利于可持续发展的战略决策（李婧婧等，2021），面对提高经济、保护环境、维护社会的多元目标，在有限的资源、精力之下协调分配、统筹管理使这种困难表现得格外突出。对于企业而言，采取可持续的生产模式利于长远发展，可实现塑造企业对外形象、增加市场份额等附加效益（De Ron，1998）。进一步讲，在供应链中实施可持续管理能够提高整个链条的运营绩效，对于供应链管理具有极高的现实价值（刘军军、冯云婷、朱庆华，2020）。因此，在多级供应链管理过程中，面对可持续发展造成的困难加剧现象，企业不应逃避而应正视，应主动融入可持续发展战略，实施多级可持续供应链管理，从而提高供应链管理水平和质量。

在可持续供应链管理中，可持续供应商的选择被认为是关键举措（Luthra et al.，2017），这与其在供应链管理中的地位相匹配。选择合适的可持续供应商可以使核心企业避免可能由供应商带来的潜在风险，并且提高核心企业的盈利能力和行业竞争力，可以使核心企业实现产品开发流程优化、产品质量改进、产品生产成本降低、产品生产绿色化等目标（Chan et al.，2008）。在"2022联合国中国可持续采购研讨会"上，商务部曾明确提出"希望增强供应商，特别是中小型企业对可持续采购的理解"。由此可见，可持续供应商选择议题对于供应链可持续发展的重要性。对于对象主体更加广泛的多级供应链环境而言，可持续供应商选择同等重要。如果不能选择可持续的供应商对核心企业以及整个供应链上的企业都将造成恶劣影响。有关调查显示，越来越多的次级供应商正在因其不可持续行为严重地损害着核心企业的利益（Hora，Bapuji and Roth，2011）。例如，Mattel公司在2007年因次级供应商提供的油漆含铅，导致其不得不召回玩具产品，造成了恶劣的社会影响（Viswanadham and Samvedi，2013）。次级供应商不尊重环境和社会规律的行为还包括恶劣的工作条件、工人的性别歧视、生产废物的随意排放等（Plambeck，2012）。次级供应商作为组织的核心供应基础，对组织至关重要（Ghadge et al.，2019）。因此，将管理边界延伸到次级供应商，对次级供应商实施可持续影响是必要的（Tse and Tan，2011）。选择优质的可持续次级供应商是企业走好供应链管理之路，走好长期发展之路的必然。只有树立多级供应链管理意识，抓好上游可持续供应商伙伴的选择环节，才能从供应链输入端出发提高可持续绩效（Fallahpour et al.，2017）。少数企业如本田公司，已经开始探索次级可持续供应商选择的实践路径（Choi and Hong，2002）。但是，在多级供应链环境下，可持续供应商选择实践可能由于层级增加、层级距离远等面临更加艰难的抉择，例如，数据的获取、信息的真实可靠性、选择标准的制定等都更为复杂。

基于以上背景分析，本书将着眼于循环供应链管理实践和多级供应链中可持续供应商选择问题，探讨供应链发展过程中的可持续实践，并深入挖掘可持续实践对供应链弹性的影响机制，加深对可持续实践及其对供应链弹性影响的认知，为企业可持续供应链管理及体系创新提供理论指导。

第二节　研究意义

一、理论意义

（1）在循环供应链关键实践研究中，首先，从供应链全流程（上游到下游）和循环经济的双重视角构建全面的 CSCP 体系，进一步丰富了现有的 CSCP 标准。其次，从减量化（Reduce）、再利用（Reuse）和再循环（Recycle）三个方面研究分析了 CSCP 标准的相对重要性，拓展了绿色供应链和可持续供应链的相关文献，促进了循环经济与供应链理念的融合。最后，提出了一种混合的 CSCP 标准的评价方法，为循环供应链领域的研究人员提供了方法上的支持。

（2）在可持续供应商选择标准研究中，首先，将可持续供应商选择议题从二元主体延伸到了三元主体，扩展了研究视角，实现了从单极到多级的转变，丰富了供应链管理领域的理论研究。其次，针对多级供应链管理环境，从经济、环境和社会三个方面制定了可持续供应商选择的指标体系，丰富了现有多级供应链管理中可持续供应商选择的指标。最后，整合模糊集理论、SWARA 和贝叶斯网络三种方法的混合模型，阐释了多级供应链环境下的可持续供应商选择指标的重要性，所提方法也为相关研究提供了方法论的支持。

（3）在供应链学习对供应链弹性的影响研究中，基于知识基础观检验了供应链学习对供应链弹性的影响，扩展了知识基础观在供应链管理领域的研究边界。供应链的双元性，包括供应链探索和供应链开发，作为中介变量，其揭示并丰富了供应链学习对供应链弹性的影响路径。本书还把供应链敏捷性引入供应链学习对于供应链弹性的具体影响机制之中，丰富了供应链敏捷性以及供应链弹性的研究，为深入理解供应链学习、供应链探索、供应链开发、供应链敏捷性、供应链弹性的变量间关系提供理论支持。

（4）在控制机制对供应链弹性的影响研究中，检验了三种控制机制，包括过程控制、结果控制和社会控制对供应链弹性，包括主动弹性和反应弹性的影响，从控制机制的视角丰富了对供应链弹性影响因素的研究；该研究进一步检验了供应链弹性对企业经济、环境和社会绩效的影响以及供应链弹性作为中介变量在控制机制影响供应链弹性关系中的中介效应，有助于深入理解不同维度的控制机制所起作用的边界条件以及不同类型供应链弹性的不同属性，丰富了供应链弹性在整体供应链系统中对企业可持续绩效带来影响的中间条件。

二、实践意义

（1）在循环供应链关键实践研究中，通过对 CSCP 指标的排序让企业了解在资源有限的情况下如果高效配置资源，同时也为政府和非政府组织，如环保组织或行业协会等，完善可持续供应链标准或规范提供建议。

（2）在可持续供应商选择标准研究中，通过识别不同多级供应链结构下的可持续供应商选择指标促使核心企业对如何选择可持续的供应商有更加全面的认识和了解；此外，通过分析确定不同多级供应链结构下的指标重要性为核心企业选择更加合理的与其自身发展需求和未来战略最匹配、最贴切的供应商伙伴，打造过硬的可持续供应链，提高企业的竞争力和可持续发展能力提供建议，最后，为政府或行业协会制定和完善可持续供应商政策、标准或者协议提供了参考。

（3）在供应链学习对供应链弹性的影响研究中，通过引入供应链探索和供应链开发影响因素，为企业通过供应链探索和供应链开发进行战略选择与调整进而帮助企业提升供应链弹性提供具体建议。通过引入供应链敏捷性这一影响因素，帮助企业了解供应链学习是如何通过供应链探索和开发以及供应链敏捷性对供应链弹性产生影响的，为从容应对复杂环境与市场的变化提高供应链弹性从而提升竞争能力提供建议。

（4）在控制机制对供应链弹性的影响研究中，本书加深了对控制机制影响供应链弹性关系，以及供应链弹性影响企业环境、社会和经济绩效关系的理解，为企业在过程控制、结果控制和社会控制的影响下开展供应链弹性建设活动进而提升企业的经济、环境和社会绩效提供建议。

第三节　研究内容

本书的章节安排及内容如下。

第一章：绪论。根据现实背景提出所要研究的具体问题，以及解决这些问题的理论和实践意义；介绍本书的主要内容、研究方法和技术路线。

第二章：国内外相关研究综述。首先，对可持续供应链管理实践和供应链弹性的相关概念和理念基础进行界定。其次，围绕研究主题，对目前国内外相关领域的研究进展进行梳理。最后，通过研究评述总结当前研究的局限性及本研究的意义。

第三章：循环供应链关键实践研究。本章基于循环经济的 3R 原则，即减量化（Reduce）、再利用（Reuse）和再循环（Recycle），构建 CSCP 体系。在此基础上，提出了一种模糊集理论、德尔菲法和贝叶斯网络相结合的 CSCP 准则评价方法来识别关键实践，并为企业开展 CSCP 提供建议。

第四章：可持续供应商选择标准研究。以可持续的三重底线"经济、社会、环境"为理论基础，以多级供应链管理的现实企业需求为背景，开展了不同的多级供应链结构下的可持续供应商选择综合评价研究。基于广泛的文献调查研究开发可持续供应商选择指标，通过科学的决策模型和案例企业的分析应用，识别重要的可持续供应商选择标准。

第五章：供应链学习对供应链弹性的影响研究。以知识基础观为理论依据，探讨供应链学习是如何通过供应链探索、供应链开发和供应链敏捷性来影响供应链弹性的。通过研究结果，为企业通过供应链学习提升供应链弹性提供具体可行的建议。

第六章：控制机制对供应链弹性的影响研究。基于动态能力理论，本章探讨了过程控制、结果控制和社会控制对供应链主动弹性和反应弹性的影响以及这两种弹性对企业经济、环境和社会绩效的影响。研究结果为企业通过不同控制机制提升供应链弹性进而提升企业三重可持续绩效提供建议。

第七章：研究结论及对策建议。对研究结论进行总结，并根据研究结论为企业实施可持续供应链实践并提升供应链弹性提供对策建议，为政府及相关部门关于可持续供应链管理体系创新提供政策建议。

第四节 研究方法与技术路线

为了解决研究问题，本书采用了多种研究方法。

（1）文献研究法：通过 Emerald、万方、知网、Elsevier、ScienceDirect 等阅读了大量国内外文献，并进行整理、归纳、分析，找出当前研究存在的问题。

（2）实地调研法：为深入了解调研对象的实际情况，获取一手资料和信息，对相关案例企业进行实地调研和考察。

（3）专家问卷调查法：针对第三章和第四章的内容，根据研究目标设计专家问题，由权威领域学者和专家填写，获取专家评价数据。

（4）问卷调查法：针对第五章和第六章的内容，通过问卷调查法来收集数据样本，目的是同时测量多个变量，以更好地理解变量的相互作用以及测试理论模型的有效性。

（5）模糊德尔菲法（FDM）：模糊德尔菲法利用统计分析和模糊计算，把专家的主观意见转化为准客观数据，应用模糊德尔菲法进行因素筛选综合考虑了专家主观思维的不确定性和模糊性，可以达到研究时所设立的目标。

（6）模糊贝叶斯网络（FBN）：模糊贝叶斯网络是贝叶斯网络的一种扩展形式，引入了模糊逻辑和模糊集合理论，在模糊贝叶斯网络中，节点的取值不再是确定的，而是模糊的。用于处理不确定性和模糊性信息的推理模型。

（7）模糊 SWARA 法：通常用来确定指标的权重，该方法具有结果一致性较高、方法应用过程相对简单、耗时更短、成本更低等优势，能提供更加便捷、可靠的研究结果。

（8）定量分析方法：针对第五章和第六章内容获得的数据，运用 SPSS 和 AMOS 等软件执行描述性统计分析及量表的信度与效度检验。在此基础上，利用 AMOS 构建的结构方程模型实证检验理论模型和假设。最后通过工具变量法和多模型比较法进行内生性检验，从而提升研究结果的可信度。

本书技术路线如图 1.1 所示。

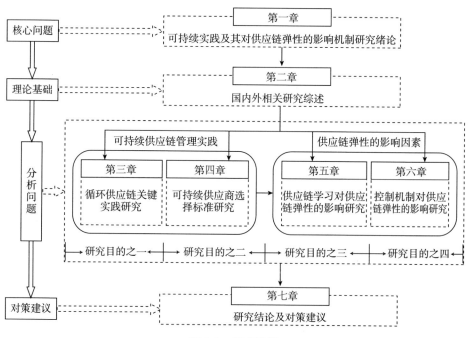

图 1.1　技术路线

第二章　国内外相关研究综述

第一节　相关概念及理论基础

一、相关概念内涵及界定

（一）循环经济及循环供应链

早在 20 世纪 90 年代初，学术文献就提出了循环经济（CE）的概念（Pearce and Turner，1989）。Geng 和 Doberstein 将循环经济理解为"在整个经济系统中实现物流闭环"，这与生态产业发展是一致的（Geng and Doberstein，2008）。目前还没有一致的关于循环经济的定义（Schroeder，Anggraeni and Weber，2018），但许多学者都承认循环经济的重要性，例如，循环经济能减少浪费和提高资源利用率（Govindan and Hasanagic，2018），创造就业机会和减少温室气体排放（Kalmykova，Sadagopan and Rosado，2018）。供应链层面的循环经济涉及三个层面：宏观层面（国家层面）、中观层面（企业间层面）和微观层面（企业层面）（Balanay and Halog，2016；Saidani et al.，2017）。现有研究的重点集中在宏观和中观层面（Ghisellini，Cialani and Ulgiati，2016）。随着供应链对企业竞争力的影响越来越显著，学者也逐渐转向从供应链的角度加强对循环经济的研究（González-Sánchez et al.，2020）。循环供应链将循环经济的理念整合到供应链及其周围的工业和自然生态系统的管理中。通过产品/服务生命周期中所有利益相关者（包括零件/产品制造商、服务提供商、消费者和用户）的全系统商业模式和供应链功能创新，系统地恢复技术材料和再生生物材料，实现从产品/服务设计到报废和废物管理的零浪费愿景（De Angelis，Howard and Miemczyk，2018；Farooque et al.，2019），可以更好地促进经济、环境和社会的可持续发展（Seuring and Müller，2008；Bressanelli，Perona and Saccani，2018；Yadav et al.，2020）。

（二）多级供应链管理

在外包和全球采购的商业潮流下，供应链变得越来越长、越来越复杂、越来越分散。供应链的长度和复杂度等因素会对绩效指标产生深刻影响，向供应链更深处延伸的趋势，即布局多级供应链管理，逐渐成为企业运营的新思维点（Mena，Humphries and Choi，2013）。多级供应链是更加复杂的供应链网络，可以说它是一种超越二元关系的三元及以上关系的系统，三元关系是其最小单位的系统。"制造商——一级供应商—次级供应商"（Govindan，Shaw and Majumdar，2021）、"制造商—分销商—零售商"（戢守峰、蓝海燕、孙琦，2017）、"制造商—分销商—批发商—零售商"（朱连燕、吴锋、欧阳林寒，2024）等是现有的多级供应链相关研究所讨论的主体。值得注意的是虽然关于多级供应链管理的研究近年来内容愈加丰富、研究体系愈加完善，但是这些研究往往聚焦于应用层面和价值层面等，对于多级供应链管理，学术界至今没有给出一个明确统一的定义。不过，根据现有成果，本书认为可以将多级供应链管理理解为管理两个以上对象主体，将管理的视角扩展到更深层次、更大范围。

近些年，在多级供应链管理的研究中，"制造商——一级供应商—次级供应商"的三元关系成为学术界和工业界热议的对象，这种三元关系被认为对加强供应商的管理强度和深度有至关重要的作用，深刻影响整个供应链运营质量。基于其重要的现实意义，本书将聚焦于这种三元关系。在"制造商——一级供应商—次级供应商"的三元关系中，大多学者往往认为其存在三种不同类型的结构（Mena，Humphries and Choi，2013；Govindan，Shaw and Majumdar，2021）：第一种结构是"开放式多级供应链"，它代表了一个传统的供应链，其中信息和产品流是线性的，核心企业和次级供应商之间没有直接联系，一级供应商作为沟通联络的桥梁发挥中介作用。第二种结构是"封闭式多级供应链"，核心企业和次级供应商建立了正式联系并直接连接，就是该结构的典型特征，这意味着两家公司将定期进行联系、共享信息，并通过正式的形式（即双方共同签订合同）或定期互动的非正式形式开展一系列的管理活动。此时，一级供应商的中介作用实际上消失了。第三种结构是"过渡式多级供应链"，这种结构可以解释为核心企业和次级供应商开始探索建立联系，是由"开放式多级供应链"发起开始向"封闭式多级供应链"转变的阶段（Mena，Humphries and Choi，2013）。

（三）可持续供应商

作为供应链的输入端，供应商在产品、服务、组织和环保等绩效方面发挥着重要作用（Tachizawa and Wong，2014；尤筱玥、雷星晖、石涌江，2018；吴阳、姚建明、全嫦哲，2021）。在对生态破坏现象和社会问题日益关注、强烈抨击的当下，传统的基于经济属性的供应商不再适合现代企业发展的要求，而融合环境和社会属性的可持续供应商逐渐成为企业关注的焦点（吴阳、姚建明、全嫦哲，2021）。目前，国内外学者对于可持续供应商的界定通常也是聚焦在经济、环境和社会三个层面。例如，国外学者 Tirkolaee 等在其研究中指出可持续意味着组织在未来不影响其业务、环境和社会等维度稳定性的前提条件下所展现出的一种实时动态决策能力，只有具备这种能力的供应商才可以被称为可持续供应商（Tirkolaee et al.，2020）。相似地，Morteza 等指出在可持续管理中，企业不能局限于简单地考虑技术和生产因素，而是应该全面考虑到对经济、环境以及社会责任产生影响的因素，这些因素正是评价供应商可持续发展水平的关键所在（Yazdani et al.，2021）。国内学者尤筱玥等专门研究了可持续供应商的概念，根据其研究结论，成为可持续供应商的基本条件是经济、环境和社会三维度同时发展，其应该在保证经济绩效的前提下既维护社会利益和未来资源，又满足相关环保要求，同时愿意捉升供应链上有关企业的可持续性水平（尤筱玥、雷星晖、杨迷影，2019）。由此可以看出，学术界对于可持续供应商的定义比较统一，学者们均认为符合经济、环境和社会效益要求的供应商就是可持续供应商。

（四）供应链学习

Bessant 等人认为学习作为一个战略层次上的概念起源于组织内部（Bessant, Kaplinsky and Lamming, 2003），包括组织、团体以及个人对于知识的积累以及他们对于知识本身的潜在利益的理解（Nonaka, 1994），涵盖了知识的获取、吸收和利用过程（Huo, Haq and Gu, 2021）。Bessant 等人在已有研究中认为学习涉及两个部分，分别为核心知识的积累与进一步发展以及在组织中进行长期学习与持续改进（Bessant, Kaplinsky and Lamming, 2003）。组织可以通过学习进行知识的获取、理解、利用、传播以及存储，并且在这个过程中产生对组织的战略产生影响的新知识（Van der Vaart and van Donk, 2008），进行知识的转移并在知识转移的过程中为组织带来竞争优势（Mohr and Sengupta, 2002）。组织通过学习可以获得知识，通过学习获得的知识可以分为两类，即信息和专有技术技能（Grant, 1996a; Kogut and Zander, 1992; Dyer and Singh, 1998）。相比而言，信息具有容易被编码、可以在传播过程中完整传输的特点；而专有技术技能则更为复杂，具有难以复制的特点（Kogut and Zander, 1992; Dyer and Singh, 1998）。另外，通过学习所获得的知识也可以进行知识转移和知识利用（Esper, 2009）。

由于供应链本身能够像组织一样生存与发展，所以在已有研究中把供应链作为一个系统并且将学习这一概念延展到供应链的背景中（Silvestre, 2015）。供应链学习已经成为企业常用的以及最主要的方式之一。而在供应链领域的供应链学习也必定会涉及供应链中的多个合作伙伴，供应链是企业获得知识的重要途径，目前很多跨国公司比如微软、IBM、宜家等也都引入了供应链学习并且利用供应链学习稳固自己的竞争优势（赵昌平、徐晓江、龚宇，2020；彭灿，2004）。基于组织学习的概念，Bessant 等人和 Ojha 等人认为供应链学习具有团队、系统、学习和记忆四种学习导向（Bessant，Kaplinsky and Lamming，2003；Ojha，Shockley and Acharya，2016）。从过程进行区分，供应链学习可以分为建立（建立一套促进供应链学习的过程）、运作（将程序转化为管理公司之间和公司内部行为的规范）与维持（为了满足持续学习的需要而进行管理流程的处理）三个不同的阶段（Bessant，Kaplinsky and Lamming，2003）。另外，根据获取渠道的不同，供应链学习也可以分为外部学习和内部学习。外部学习指的是从外部合作伙伴处获取知识，进行吸收和利用，可以细分为供应商学习和客户学习；供应商学习和客户学习分别是从供应商和客户角度进行知识的获取、吸收和利用，有利于长远的合作和共同战略与运营目标的实现。内部学习是指从企业内部获取、吸收、利用知识进行产品以及相关性能的学习（Huo，Haq and Gu，2021）。

目前很多研究对供应链学习进行了界定，Bessant 等人认为供应链学习是一种在跨组织环境下的学习行为（Bessant，Kaplinsky and Lamming，2003）。Ojha 等人认为供应链学习是一种资源，其特征是所有供应链伙伴强调供应链组织中四个关键的学习程序，即团队导向、系统导向、学习导向和记忆导向（Ojha et al.，2018b）。Flint 等人则认为供应链学习是确保企业、供应商和客户积极地管理供应链管理问题的过程（Flint，Larsson and Gammelgaard，2008）。Zhang 和 Lv 认为供应链学习是指员工不断获取知识、完善自身行为、优化组织体系，以保持组织的可持续性和内外环境的健康和和谐发展的过程（Zhang and Lv，2015）。Gosling 和 Kuivalainen 认为供应链学习源于组织学习，组织内成员通过学习创造集体知识（Gosling et al.，2016）。Huo 等人认为供应链学习是企业从其内部职能以及主要供应商和客户那里获取、吸收和开发知识的过程（Huo B，Haq and Gu，2020）。

（五）供应链探索与供应链开发

由于资源总量是一定的，因此供应链探索和供应链开发作为两种战略存在着一定程度上的资源竞争，部分研究认为探索与开发之间的平衡很难维持（Levinthal and March，1993），但 Andoriopoulos 和 Lewis、Kristal 等人、

Durcikova 等人的研究证明供应链探索和供应链开发并不是完全对立的，而是一种战略平衡或者权衡的关系，供应链探索与供应链开发可以并存（Kristal，Huang and Roth，2010；Andriopoulos and Lewis，2009；Durcikova et al.，2011）。企业可以在探索新能力与开发提高已有能力的基础上对供应链的探索和开发进行合理组合并产生新的组合效应，即企业可以同时利用供应链探索与开发。而在这种情况下，供应链探索与供应链开发组成了供应链双元性这样的企业动态能力（Ojha，Acharya and Cooper，2018a）。企业为了生存也要同时进行短期的开发与长期的探索，并且使供应链探索和供应链开发达到平衡。

对于探索和开发而言，探索更侧重于搜索、发现、创新、变化、灵活性、承担风险、实验、采用等，而开发则更侧重于细化、改进、精炼、选择、生产、实施、效率以及执行等（March，1991）。探索是对于新的知识与机会的追求，而开发是对于已有知识的使用和改进（Im and Rai，2008）。在供应链领域，很多研究对供应链探索和供应链开发进行了区分：供应链探索关注使用与过去不同的流程、产品和服务的能力，而供应链开发关注不断改进现有资源和流程的能力；供应链探索更关注对长期问题提供解决方案，而供应链开发则更关注目前的发展并倾向于在短期内提高效率（Gibson and Birkinshaw，2004）；供应链探索通过外化、组合和社会化促进隐性知识的生成，而供应链开发涉及内部化和结合现有的知识库，以完善供应链管理中的当前流程和技术（Huang，Kristal and Schroeder，2007）；供应链探索可以获得新的知识与信息帮助创新、识别新的市场需求，而供应链开发可以获得知识更新、开发已有技术、改进流程以适应市场与顾客的动态需求（Wang et al.，2023）；供应链探索关注通过试验以及学习新的资源和知识来使制造商具备新的供应链能力，而供应链开发关注精炼和扩展现有的资源（Kristal，Huang and Roth，2010）。总而言之，无论是供应链探索还是供应链开发都是企业获得新的知识和机会的一种重要的途径（Kristal，Huang and Roth，2010）。

（六）供应链敏捷性

供应链敏捷性能够反应供应链的快速调整能力，是供应链动态能力的一种体现，对于企业成功起到至关重要的作用。动态能力是企业区别于其他企业的独特优势，因为难以模仿所以能够帮助企业保持竞争力。在供应链中，敏捷性作为供应链的一种动态能力，表明供应链能够进行频繁调整（Gligor and Holcomb，2012a）。较高的敏捷性使供应链能够迅速对其战略以及技术进行调整，而且在供应链中，供应链敏捷性可以主动或反应性地表现出来（Parera，Soosay and Sandhu，2014），快速推动公司在关键路径上的活动，提高公司的响应能力（Zhu et al.，2022）。Agarwal 等人认为质量的提高、客户满意度、交付速度、新产品的引入、数据的准确性、过程集成、协作规划、减少交货时间、成本最小化、最小化不确定性和信任的发展程度等都会对供应链敏捷性产生影响（Agarwal，Ravi and Tiwari，2007）；Gligor 等人认为供应链敏捷性包括果断性、警觉性、快速性、可及性和灵活性（Gligor，Holcomb and Stank，2013）；Fayezi 等人认为供应链敏捷性包括变化预期（指的是组织感知变化及其影响的能力）以及变化响应（基于组织对变化的反应方式）两方面（Fayezi，Zuitshi and O'Loughlin，2017）。目前已有很多研究对供应链敏捷性进行了界定，Kumar 和 Motwani 认为供应链敏捷性是一系列可以快速推动公司在关键路径上进行活动并能够提高公司响应的能力（Kumar and Motwani，1995）。Christopher 和 Towill 认为供应链敏捷性是一种业务范围内的能力，包括组织结构、物流流程、思维模式和信息系统（Christopher and Towill，2001）。Gligor 和 Holcomm 则指出供应链敏捷性是一种动态能力，代表了频繁调整的能力（Gligor and Holcomb，2012b）。Bui 等人则认为供应链敏捷性是指处理短期、临时的意外变化以及快速适应供应链和市场环境中的这些变化的能力（Bui et al.，2020）。

（七）控制机制

"机制"一词源自希腊语，指的是机器的结构和运作原理。在生物学和医学领域，这一概念被用来描述各个器官之间的作用、联系以及调节方式。在经济学和管理学中，"机制"一词已经被广泛使用，用来描述经济或管理系统中各部分之间的互动及实现功能的方式。这一概念的引入，得益于交易成本经济学对治理结构及治理机制研究的基础性贡献。随着研究的深入，学者们开始探讨包括市场控制机制、社会控制机制在内的多种管理控制机制，这导致了术语使用上的不一致（李垣、陈浩然、赵文红，2008）。Caglio 和 Ditillo 指出，在对西方企业管理控制的研究中，虽然一些学者探讨了控制机制的问题，但大多数研究侧重于分析一个完整的控制原型，而不是具体的控制手段。这些研究没有将机制与合同、定价或竞标等其他类型的控制手段结合起来定义其功能。可见，虽然对管理控制领域的研究已经取得了一定成果，但对于特定控制方法的深入分析，尤其是对如何将这些方法融入更广泛的管理控制体系仍然缺乏足够的探索。此外，这也暗示了未来研究的一个方向，即更加关注不同控制手段之间的作用及其在实际管理控制策略中的应用（马占杰，2010）。近年来，出现了一些关于企业的管理控制研究。林向红和李垣等探究了企业在突变创新和渐变创新中如何通过学习正式控制和社会控制来提升竞争力（林向红、李垣、吴海滨，2008）；白菊考虑了企业间相互学习技术差异的大小，研究了企业间学习对企业自主创新的作用机制中社会控制的作用（白菊，2020）；随后，学者们探讨了合作持续时间和宏观环境对组织在实现既定业绩目标过程中采用正式控制和社会控制的不同影响，得出了在国内企业合作和国际企业合作中这两种控制方法的作用和效果存在差异的结论。这项研究对于理解在不同合作情境下，选择不同效果的控制机制具有重要的指导作用（Li et al.，2010）。此外，控制机制在促进企业间建立信任方面也起着关键作用，企业间关系治理的核心目标是确保这些关系得到有效维护。这项研究拓展了我们对企业间合作关系演变的理解，同时为企业间通过有效控制手段来培养和增强信任提供了理论基础（Lee and Rha，2016）。

控制机制是指组织之间的关系安排，这些关系安排调节合作伙伴的行为并鼓励沟通（Li et al.，2010）。一般来说，现有的文献将控制机制分为正式控制和社会控制。正式控制依赖于建立和应用正式的规则和程序来监控和奖励绩效（Germain, Claycomb and Dröge，2008）。社会控制涉及基于社会的利用规范、机制、共同偏好和价值观（Li et al.，2010）。此外，正式控制分为两种类型：过程控制和结果控制（Schultz et al.，2013）。应用结果控制机制的公司对其供应链合作伙伴明确规定了目标，如质量、功能规范、交付时间和预算（刘瑞佳、杨建君，2018）。采用过程控制机制的公司通常为供应链合作伙伴指定实现目标的活动和程序，通过每周进度报告和定期会议观察来评估合作伙伴的行为，并通过评估结果提出改进建议（Liu，Li and Zhang，2010）。根据 Aulakh 等人的研究，本书将控制分为三种类型，即过程控制、结果控制和社会控制（Aulakh，Kotabe and Sahay，1996）。结果控制关注的是企业对合作伙伴完成任务后的成果进行评估；过程控制则是企业观察并评价合作伙伴为实现既定目标所采取的具体行动；社会控制涉及创造一个促进合作伙伴自我管理和自我约束的氛围。在这三种控制方式中，结果控制和过程控制属于正式控制，而社会控制则属于非正式的控制手段。这些控制奠定了企业与其合作伙伴关系的基础，对于维护合作关系至关重要（Eisenhardt，1985）。通过设定明确的目标和绩效标准，可以使合作企业对现有知识资源不足的短板感到压力，并让他们对完成绩效目标充满责任感，这是结果控制的重要作用（Jean，Sinkovics and Cavusgil，2010）；过程控制是通过监督行为规范和方式来实现合作企业制定的目标。过程控制和结果控制都基于交易成本理论，分别追求保护自身利益和提升共同绩效的目标导向和价值认知（邓春平、李晓燕、潘绵臻，2015）。非正式的社会控制建立在社会交换理论的基础上，注重于关系的塑造，关注资源和利益交换中参与者之间的沟通联系（Bignoux，2006）。这些互动关系是在信任、互惠和奖励的基础上形成的，在互动过程中有助于各方相互了解、取长补短。现存的文献主要研究结果控制、过程控制和社会控制之间的关系（Yang，Ju and Gao，2015）。一些学者在研究控制型企业间关系的影响时认为，竞争收益对正式控制并不产生影响（Gnyawali and Park，2009），还有一些学者提出了通过控制手段来防止中断行为的发生（Dwyer and Oh，1988）。在供应链合作中，企业可以根据不同控制类型的特点来平衡合作关系。

（八）供应链弹性

供应链弹性的概念起源于弹性，在生态学研究中最早注意到系统具有弹性和稳定性两种特性，弹性决定了系统吸收变化的程度，稳定性是指平衡被暂时打乱之后，系统的恢复能力。国内外学者对其具体定义的观点有出入，但得到广泛认可的定义是：供应链系统对潜在风险做出反应，使供应链恢复原状或在面对不同程度的风险时迁移至较佳状态的能力（广东省人民政府，2020）。对于供应链自身能力的定义多从时间变化和动态能力出发，时间维度按供应链中断的前、中、后划分为准备能力、响应能力和恢复能力。其中，准备能力是确保企业具备预警、计划、评估、规避和控制风险的能力；响应能力是企业在供应链上需要更高的灵活性，从而使供应链在组织绩效中起到关键作用的由灵活性和交付能力构成的次要因素；恢复能力为快速有效地恢复系统的能力（王梓萌、刘洁昊，2022）。从动态能力的角度，供应链弹性分为柔性能力、敏捷能力和应变能力，以及吸收力、创新力、融合度等几个方面。从中断前后划分，分为中断发生前的主动型战略因素和中断发生后的反应型战略因素。还有学者将供应链弹性定义为供应链中断做好的准备和应对的策略，并将其分为主动弹性和反应弹性。主动弹性是指在事先计划中断的情况下，维持供应链功能和持续运行的能力（Stonebraker，Goldhar and Nassos，2009），反应弹性是指在发生意外变化和意外事件时快速响应的能力（Wieland and Wallenburg，2013）。朱新球通过相关文献梳理，总结出影响供应链弹性的因素包括人力资源管理、灵活性、可视化、适应能力、冗余等（朱新球、程国平，2011）。

与此同时，根据不同的标准，学者们对供应链弹性也进行了划分。根据供应链断裂的管理流程，Hohenstein 等人将供应链弹性分为主动弹性和反应弹性，主动维度指包括资源储备、建立预警系统等在内的供应链断裂发生前的准备阶段；反应维度强调供应链断裂的恢复阶段，需要针对断裂后的外部环境和供应链经营状况采取措施（Hohenstein et al.，2015）。Hartmann 和 Giunipero 将供应链弹性分为断裂发生前的准备阶段、断裂发生时的响应阶段以及断裂发生后的恢复阶段（Hartmann and Giunipero，2015）。吕文栋提出，供应链运作的管理程序不仅包括了处理供应链断裂的阶段，还应考虑在供应链恢复后如何提升绩效（吕文栋，2015）。按照预防供应链节点断裂的标准，供应链弹性包括内部弹性、客户端弹性以及供应端弹性三个维度（Lechler，Canzaniello and Hartmann，2019）。按照弹性的性质又可分潜在弹性（低度的计划、低度的适应）、计划弹性（高度的计划、低度的适应）、临时弹性（低度的计划、高度的适应）和动态弹性（高度的计划、高度的适应）四个维度（Vargoj and Seville，2011）。

二、研究涉及的理论

（一）3R 原则

循环经济经常与 3R 原则，即减量化（Reduce）、再利用（Reuse）和再循环（Recycle）一起讨论和研究（Zhu，Geng and Lai，2010；Marino and Pariso，2020；Pactwa，Woźniak and Dudek，2020）。减量化的定义是减少进入生产和消费过程的物质和能量的流动，提高生产和消费的效率；再利用为延长产品和服务的时间强度；再循环为回收已经完成其功能的产品，使其重新成为可用资源，然后进入市场或二次生产过程，以尽可能减少废物的产生（Zhao et al.，2012；Zhou and Xu，2012；Ranta，Aarikka-Stenroos and Mäkinen，2018）。循环经济涵盖了生产、流通和消费过程中与 3R 相关的所有活动（Jiao and Boons，2014）。作为循环经济的核心原则，3R 在循环经济分析中得到了广泛的应用（Kirchherr，Reike and Hekkert，2017）。3R 的实施效果会直接影响社会、经济和环境（Sakai et al.，2011；Liu et al.，2017；Patwa et al.，2021）。

（二）三重底线

三重底线（Triple Bottom Line）原则，即符合有利于经济、环境和社会三个维度目标的原则。不同的维度，其效益目标不同。对于经济维度，成本降低、效率提高、利润增长等是其目标；对于环境维度，资源节约、循环利用、控制污染物排放等是其目标；对于社会维度，员工的成长发展、企业的社会价值、社会服务水平、产品安全性等是其目标。只有明确三重底线原则致力于实现的目标，才能为选择真正具有可持续性的供应商提供强有力的支持。本研究旨在依据供应商的可持续性进行选择，而基于三重底线原则实现可持续目标被普遍证实是合理有效的，且现有研究通常依据三重底线原则定义可持续供应商。

（三）知识基础观

知识基础观理论（KBV）是知识管理相关领域研究的理论基础。知识基础观理论认为，在知识管理的过程中涉及一种组织能力即组织如何进行知识资产的开发和利用进而对组织战略的实施和组织目标的实现产生影响，Morgan 等人指出知识管理对于企业提高和利用知识资产提升能力以及实现目标具有至关重要的作用，他们认为企业的知识资源可以为企业提供动态能力，同时知识也是一个企业与其他企业的不同之处（Morgan et al., 2010；Umar, Wilson and Heyl, 2021）。每个企业都有着自己独特的知识、技能与实践等知识基础，知识基础观明确地将公司的知识库视为一个包含组织中不同层次的不同类型的知识的集合体。知识本身可以通过日常工作以及在解决具体问题的活动中得到，在具有促进作用的经验学习之中得以发展，在企业的内部与企业之间的转移过程中实现价值的创造（Hohenstein et al., 2014）。知识既是企业战略能力的基础，也是企业核心竞争力的源泉，正如 Grant 指出的，知识是公司最具战略意义的资源（Grant, 1996a）。另外，关于知识基础观的文献研究，例如，Bhamra 等人的研究提出知识存在于组织内部的不同层次之中（Bhamra, Dani and Burnard, 2011）。由于知识本身作为一种资源难以模仿且具有复杂性的特质，所以对于企业而言，可以通过对企业内部以及不同员工的知识以及能力进行整合，形成自己特有的可持续竞争的优势，从而在激烈的市场竞争之中得到生存与发展（Kath, Azadegan and Wanger, 2015）。

对于知识的来源，知识基础观认为，在企业内部，知识可以从经验式学习中获得。公司对于自身已经具有的资源、知识或经验会有一定程度的依赖，而且会对这些资源、知识或经验进行适应（Jeffrey, Macher and Boerner, 2012）。企业可以通过合适的方式利用经验或者基于以往的成功经验去提升信息上的优势，并通过实践与学习减少不确定性（Argote，1999）。另外，知识也可以在供应链伙伴之间获得和传递。企业本身所具有的经验也可以起到促进企业内部程序、专业知识学习利用和机制调整，解决问题和促进公司内外的知识整合的作用（Nonaka，1994）。关于知识的分类，首先知识基础观将知识分为显性知识和隐性知识，并且认为不同类型知识的可转移性也有所不同。显性知识具有表达的能力，可以以低成本转移，其知识转移的容易程度取决于接受者聚集知识的能力；而隐性知识只能通过具体的应用体现，并不能像显性知识一样进行转移。个人是知识创造的主体，对于隐性知识而言，个人亦是主要的来源（Grant，1997）。此外，知识还可以分为经验知识和信息知识。知识基础观表明，经验知识和信息知识的不同之处在于，经验知识往往是隐性的，通常难以进行编纂和交流，相反，信息知识通常是明确的，更容易编纂和交流（Morgan et al.，2010）。

知识基础观已经在组织层面的学习当中得到应用，并逐渐渗透到供应链背景之中（Liu et al.，2023；Schoenherr，Griffith and Chandra，2014）。企业可以通过供应链学习进行知识、信息的收集，并在此基础上进行理解。Kristal 等人和 Luo 等人的研究认为，供应链创新的试验和获取新的知识与资源是供应链探索活动的重要方面，而完善和优化公司现有知识库是供应链开发活动的基础。知识基础观强调组织在日常操作中应用所获得的知识，这意味着企业需要使用供应链学习来收集知识与信息、理解知识与信息并在其供应链的开发性活动和探索性活动中进行实践（Kristal，Huang and Roth，2010；Luo et al.，2018）。在供应链管理中，探索性活动可以带来新的知识和创新，这是建立供应链的响应能力和增强弹性的关键，而开发性活动能够促进知识转移与联系跨业务功能，能增强供应链应对中断的能力，使其恢复至原始或更好的状态。

（四）动态能力理论

动态能力理论（DCT）研究企业如何应对快速变化的环境并保持竞争优势，重点在于探讨企业如何适应、整合和重新配置技能、资源和能力（Teece，2007）。这一理论认为，企业取得竞争优势的根本在于能够灵活配置资源来应对不断变化的外部环境（Eisenhardt and Martin，2000）。在供应链管理领域，对于动态能力的认识逐渐拓展，特别是将供应链的运营能力和动态能力纳入其中，二者共同作用于企业的长期绩效（Teece，Pisano and Shuen，1997）。DCT强调企业的竞争优势来源于动态能力，这意味着动态能力主导着其他组织能力的变化，同时还包括更新企业现有能力以保持与变化环境一致的能力（Teece，2007；冯军政、魏江，2011）。当前企业需要不断寻找最适合自己的商业模式，配置核心资源，并以动态方式培养和管理相应的动态能力，以实现可持续发展和永续生存的目标。由于市场变化迅速，供应链弹性变得至关重要，它与环境的互动和发展都具有高度动态性。动态能力理论对供应链弹性与企业可持续绩效的作用为：第一，动态能力包括感知、抓住和重构三个核心要素，这些要素使企业能够在快速变化的环境中识别机会、利用机会并调整其资源和能力以应对挑战（Teece，2007）。这与供应链弹性所需的能力高度契合，即在面对突发事件时，能够通过调整、组合、重构供应链来恢复到正常的工作状态（Sandberg，2021）。第二，研究表明，动态能力对于提升供应链的灵活性和敏捷性至关重要（Rojo et al.，2018）。这种灵活性和敏捷性是供应链弹性的重要组成部分，有助于企业在面对环境不确定性时保持高效运作。此外，动态能力还能够通过增强供应链的弹性来提高企业的可持续绩效（Irfan et al.，2022）。第三，动态能力不仅有助于企业应对短期的市场波动和风险，还能促进长期的可持续发展。例如，通过实施环境、社会和治理（ESG）战略，企业可以利用动态能力中的吸收能力和适应能力来提高其可持续管理绩效。

第二节　循环供应链关键实践研究综述

一、循环供应链及其实践

循环供应链对于社会经济发展具有巨大作用，学者们对如何管理循环供应链进行了广泛的讨论。Jain等人提出了循环供应链绩效评估的概念性战略框架以更好地进行循环供应链管理（Jain，Jain and Metri，2018）。Masi 等人从循环经济和供应链的角度确定了驱动因素、抑制因素和促进因素（Masi et al.，2018）。Mangla 等人确定了在印度实施循环供应链管理的 16 个重要障碍（Mangla et al.，2018）。此外，由于供应链实践在供应链管理中的重要性（Storey et al.，2006；Morali and Searcy，2013），循环供应链实践（CSCP）在学术界受到了较多的关注。CSCP 是一个较新的术语，目前还没有一个明确的概念。许多研究将 CSCP 理解为将循环经济整合到供应链实践中（Farooque et al.，2019）。与学术界广泛研究的绿色供应链实践和逆向供应链实践相比，CSCP 被认为更加绿色，有助于提高供应链运行的恢复和再生能力（Batista et al.，2018；González-Sánchez et al.，2020）。现有的研究主要集中在两个方面。一是侧重于供应链过程的 CSCP，如采购、生产、物流和销售过程。例如，正确选择供应商是采购过程中的一项重要实践，这是在供应链中扩展循环经济原则的基本标准。二是探索具体的实践。Rehman Khan 等人指出，基于区块链技术对循环经济性能的重大影响，应该在 CSCP 中引入和应用区块链技术（Rehman Khan et al.，2022）。使用工业 4.0 技术设计循环经济供应链被证明是一个有效的 CSCP 标准（Mastos et al.，2021）。考虑到协作的重要性，Tseng 等人从循环供应链协作的角度提出了企业应该采取一些措施，例如，制定协作愿景以及使用现代技术的准时制模式（Tseng et al.，2022）。

二、循环供应链实践评价方法

以往的研究大多采用文献分析法、理论分析法和案例研究法对 CSCP 进行分析。De Angelis 等人的研究指出，与行业边界内外的合作伙伴紧密合作是实现循环供应链的重要实践（De Angelis，Howard and Miemczyk，2018）。Jain 等人开发了循环供应链管理的战略框架，其中提到了生态设计和再制造等实践的重要性（Jain，Jain and Metri，2018）。Geissdoerfer 等人使用案例研究法确定了现有公司的一些做法，例如，开发替代材料和使用高回收率材料（Geissdoerfer et al.，2017）。此外，Mastos 等人采用案例研究法，证实了工业 4.0 技术在 CSCP 中发挥着重要作用（Mastos et al.，2021）。还有少数学者采用实证分析的方法对 CSCP 进行了研究。例如，Zhu 等人通过实证分析证实了加强与供应链上下游合作伙伴的合作对于循环供应链实践的重要性（Zhu，Geng and Lai，2010）。在评价方法方面，常用的评价方法如德尔菲法（DM）是一种传统的专家调查方法，模糊集理论（FST）可以提高结果的效度和信度（Wu et al.，2017b；Tseng et al.，2018）。贝叶斯网络（BN）是一个包含节点和有向边的有向无环图（Zhou，Fang and Wu，2020）。其中，节点表示变量，有向边表示它们之间的概率依赖关系（Kamrani，Roozbahani and Hashemy Shahdany，2020），允许专家使用经验知识来研究变量之间的关系（Yang，Lan and Tseng，2018；Li，Wang and Shan，2019）。

第三节　可持续供应商选择标准研究综述

一、多级供应链管理的相关研究

近年来，国内外学者对于多级供应链管理的关注度越来越高，研究内容和领域不断丰富和延展。其中，国内学者从采购到生产再到销售和物流等环节对多级供应链优化议题进行了研究，特别是库存管理问题。例如，孙广磊等学者基于时变需求环境中的三阶段多级供应链系统，构建了一个非线性规划模型，分析了如何在有限规划时间内进行订货和生产决策，从而使供应链系统总运营成本最小化（孙广磊、李小申、尚有林，2019）。杨倩基于供应商、制造商和分销商的三级供应链系统，构建了一个以供应链总成本最小化为目标的订单分配模型，优化了订单决策，提高了供应链竞争力（杨倩，2020）。而在多级供应链库存管理研究中，赵川等学者基于随机需求环境中因延迟交货问题而造成的多级供应链库存系统缺货与库存积压等情况，通过自适应控制算法，构建了一个动态优化模型，降低了多级库存中交货延迟问题的影响，改善了供应链整体的运营效率（赵川等，2022）。周建频和周小番针对多级库存的复杂性与需求的不确定性，将算法和仿真相结合，在集成模型中对供应链链条上的决策进行优化，实现了对供应链多级库存的动态管理

（周建频、周小番，2021）。此外，随着我国高质量发展和新发展理念的提出，以及国际社会降碳目标的提议，一些学者开始从绿色发展的角度进行多级供应链领域研究。比如郭晓炜等基于制造商占主体地位的三级供应链环境，聚焦制造商和供应商的减排投资行为，按照三种模式分类研究了最优的供应链减排决策（郭晓炜、廖志高、莫时平，2019）。

国外学者对于多级供应链管理领域的研究更加丰富和广泛，特别是在可持续层面。他们的研究通常致力于解决和处理买方、一级供应商和次级供应商之间的关系（Choi and Wu，2009；Wilhelm et al.，2016）。在聚焦于买方、一级供应商和次级供应商主体的多级供应链环境中实施可持续管理有利于组织将供应网络作为竞争资源，提高企业在经济、环境和社会中的运营绩效。鉴于多级可持续供应链管理实践的突出意义，国外学者对其影响进行了广泛讨论。具体而言，密切关注可持续的多级供应链管理有助于最大限度地降低次级供应商的不可持续行为对供应链运营造成的负面影响并保护供应链系统中有关组织的利益（Cui，Wu and Dai，2022b）。此外，专注于多层级的可持续供应链管理有助于优化运营成本，增强供应链的韧性（Manupati et al.，2020）。Hartmann 和 Moeller 指出忽视多级供应链的可持续管理，不关注供应商的不可持续行为，将会发生链条责任效应，消费者会将上游合作伙伴不可持续活动的责任归因到核心企业身上，核心企业将面临巨大的风险和消费者的强烈抵制（Hartmann and Moeller，2014）。延伸供应链管理边界，将可持续理念布局到全链条，将是未来的发展趋势。可持续的多级供应链管理涉及全球组织的核心供应基础，对该领域的研究将为企业未来的可持续绩效水平提质增效奠定基础，帮助核心企业树立良好的可持续企业形象（Ghadge et al.，2019）。随着现代供应链全球化、复杂化程度越来越高，从多层级的视角对可持续供应链管理进行系统化研究非常有必要，探索如何提高可持续的多级供应链管理水平是现实需求。

此外，国外学者对于如何提高多级供应链可持续发展水平也进行了研究，并从不同的角度进行了分析探索。一些学者指出要想在多个组织之间建立起强劲、稳健的可持续多级供应链管理网络，强有力的高层管理人员支持、特定技术的支撑、协作和强制机制、科学的供应链战略以及平衡环境、社会和经济问题的能力是重要的促进因素（Hernández et al.，2014；Lyons and Ma'aram，2014；Sarkis and Zhu，2018；Bai et al.，2019a；Mena and Schoenherr，2020；Sharma et al.，2021）。核心企业投资刺激次级供应商发展可持续的能力和动机也被学者们认为是一个促进多级供应链管理可持续发展的关键手段（Wilhelm et al.，2016）。此外，Hofmann 等学者指出加大社会的监管刺激和同行的监管压力能够促使企业以合规为导向进行商业实践，增强供应链的社会属性（Hofmann，Schleper and Blome，2018）。Liu 等学者从政府和非政府组织的角度出发，提出完善国家和行业法律规章，加大制裁力度，提高公众对企业社会责任的认识，增加违规行为的损失，是提高多级供应链中企业社会责任的重要举措（Liu et al.，2022）。Tachizawa 和 Wong 提到权力会影响供应链上游合作伙伴的活动能力，核心企业通过增强自身综合能力，实现权力水平的扩充，能在次级供应商面前拥有更大的话语权，推动次级供应商行为规范化（Tachizawa and Wong，2014）。综合上述研究不难发现，现有研究已经从内部供应链层面（核心企业、供应商合作伙伴的能力）和外部利益相关者层面（法律、监管）对提高多级供应链管理的可持续发展水平提出了理论和实践建议。

二、可持续供应商的相关研究

（一）可持续供应商的影响

目前，国内外学者对供应商可持续发展的影响进行了广泛的讨论。其中，国外学者从宏观综合的可持续角度研究了可持续供应商的影响。Hollos 等学者经过实证研究提出可持续供应商的绿色实践和核心企业的可持续性有很强的联系，他们的研究证实了核心企业的可持续性绩效取决于供应商的观点（Hollos，Blome and Foerstl，2011）。Guerin 以矿产行业为研究背景，指出供应商通过降低成本、优化生产方案、提高自身能力可以提高供应链的效率，创造更高的价值，降低现代奴役的风险，实现可持续发展目标（Guerin，

2020)。Wang 等学者发现供应商参与新产品开发可以作为补充，提升在核心企业内部实施可持续设计获取的利益，且这种补充效果与供应商的环境管理能力密不可分（Wang, Modi and Schoenherr, 2021a）。Espino-Rodríguez 和 Taha 经过实证检验指出供应商的创新绩效直接影响供应链整合和可持续绩效（Espino-Rodríguez and Taha, 2022）。Fan 等学者发现可持续的供应商发展举措可以提高公司的客户满意度，进而有助于提高销售业绩（Fan et al., 2021）。Bag 通过实证检验发现供应商绩效对制造商—供应商网络的可持续创新有显著的影响（Bag, 2018）。Gualandris 和 Kalchschmidt 指出核心企业外部实践所产生的可持续性绩效完全由关键供应商的可持续性绩效传导（Gualandris and Kalchschmidt, 2016）。

国内学者从可持续三重属性的综合角度研究供应商影响的研究相对较少。但是，国内学者分别从供应商的经济属性和非经济属性（环境和社会属性）两大方面进行了研究，这些研究成果综合来看同样涉及了可持续的三个属性。在经济属性方面，于茂荐和孙元欣发现作为企业重要的外部创新源，供应商的创新绩效与企业的创新绩效存在正相关关系（于茂荐、孙元欣，2021）。对于创新绩效，李随成等学者通过实证研究也证实了供应商的网络能力和创新性对核心企业的产品创新有促进作用（李随成、李勃、张延涛，2013）。此外，杨瑾发现产业关联性和文化兼容性两大关键供应商特性对供应链协同有着显著的正向影响（杨瑾，2015）。在非经济属性方面，杜刚和魏宁指出在国际贸易和经济的新规则下，激励供应商积极地履行社会责任，最终将增强整个供应链条上相关企业的绩效（杜刚、魏宁，2014）。吴丹以饭店行业为背景，提出具有社会责任意识的供应商，能够促使核心企业受到社会的普遍欢迎和追捧（吴丹，2010）。在环保理念全球化的背景下，非经济属性中的环境属性得到了更加强烈的关注。李勃等学者指出核心企业通过直接或者间接途径开发绿色供应商，从而激发供应商的绿色创新性，能够为核心企业绿色产品创新绩效的提高提供强有力的支持（李勃等，2020）。刘冰峰指出核心企业的发展和进步离不开供应商，建立绿色供应商成长体系，提高供应商生态化和绿色化水平，可以实现环境和经济效益的共赢（刘冰峰，2017）。何开伦和彭铁以生猪产业为例，提出培育绿色供应商，增强供应商管理环境的能力关系整个生猪供应链的环保水平（何开伦、彭铁，2011）。总之，优质的上游可持续供应商伙伴，其良好的经济发展能力以及环境与社会责任履行情况，将直接或间接的影响下游核心企业以及整个供应链的综合效益（陈振颂等，2020）。

（二）可持续供应商选择指标

如何选择高度可持续性的供应商对于核心企业而言尤为重要。因此，可持续供应商的选择议题成为当前国内外学者讨论和研究的热点。相对应地，可持续供应商选择的指标体系构建也倍受争议。学者 Mohammed 构建了以经济、社会、环境为基本准则，包含技术能力、环境管理系统、员工发展等在内的 10 个子准则的评估体系来选择可持续供应商（Mohammed，2020）。类似地，Sarkis 和 Dhavale 以经济、社会和环境为基础，建立了一个含交付产品成本与预期、标准或合同成本差异度、能源效率值、环境违规处罚额、员工流动率的九个元素的度量集合，来评估供应商的可持续性绩效，从而选择绩效水平最佳的供应商（Sarkis and Dhavale，2015）。国内学者董海和李福月以经济、环境和社会三重底线为一级指标，以质量、成本、生产能力、长期关系、安全与健康、生态设计等十个要素为二级指标，构建了针对可持续供应商的选择体系（董海、李福月，2022）。郭紫君等人针对医疗器械制造企业，基于三重底线原则，构建了含产品安全、雇佣惯例、绿色生产等在内的九个一级指标，含员工体系、可追溯性、员工权益、绿色技术等在内的 20 个二级指标的评价指标体系（郭紫君、李益兵、郭钧，2021）。因此，当下国内外学者对于可持续供应商选择的指标体系构建一般以三重底线为依据。当然，也有一些学者提出了构建指标体系的其他依据。例如，Unal 和 Temur 在可持续三重底线的基础上扩展了质量维度，构建了一个由四个基本准则和 12 个子准则组成的指标评价体系（Unal and Temur，2022）。Tong 等人则从中小企业的角度出发，以产品和服务能力、合作程度和风险因素三个维度为依据建立了包括九个基本准则和 28 个子准则的可持续供应商选择评价框架（Tong，Wang and Pu，2022）。

不同的指标其重要性往往不同，学者们在构建指标体系的同时，通常也对指标的重要性进行了判别。国外学者 Nsikan 等人经过实证检验发现经济维度是衡量供应商的首要准则。经济维度中的采购成本、交付及时性和交付产品质量被认为是影响可持续供应商选择的最关键子准则（Nsikan et al.，2022）。类似的，Puška 等人指出经济属性是最重要的准则，且价格和质量是最重要的子准则（Puška et al.，2021）。国内对于供应商选择指标重要程度的研究也很多。茹改霞指出经济属性是可持续供应商选择中最重要的属性，且经济属性中的产品质量和供应价格指标的重要程度格外突出（茹改霞，2020）。杨永旭和刘吉林运用数学模型分析发现经济绩效体系是影响可持续供应商选择的最直接指标，成本与价格、交互与服务是可持续供应商选择的关键指标（杨永旭、刘吉林，2020）。现有研究一般认为经济是最重要的一个维度，但也有研究指出其他维度的重要性。例如，Kuo 等学者提出环境维度是重要的可持续供应商选择准则，其次是经济和社会维度。其中，质量、污染控制和信息披露是可持续供应商选择最重要的子准则（Kuo，Muniroh and Fau，2021）。Rani 等人提出健康和安全、行业声誉、污染情况占据供应商选择指标体系的最重要位置（Rani et al.，2020）。基于政府采购背景，尤筱玥和雷星晖通过模型研究发现企业污染物排放与废弃物处理、对当地社区的影响、绿色运输、绿色循环等指标风险程度较高，应是政府与供应商建立长期合作形成可持续发展的关键衡量指标（尤筱玥、雷星晖，2020）。

三、可持续供应商选择模型的相关研究

核心企业选择最匹配自身需求、效益最佳的可持续供应商是一个复杂的过程，这种复杂性体现在两方面。一方面，在可持续供应商选择过程中，需要综合考虑经济、环境和社会三个维度，每个维度要实现的效益目标不同，需要考虑由维度差异带来的复杂性。另一方面，不同维度下有着数量众多的指标，要判断这些指标的相对重要性，意味着选择过程中要面临指标冗杂造成的复杂性。目前，用于支持采购公司选择可持续供应商的方法较多，包括 AHP（刘蓉等，2019）、ANP（Liu，Liu and Qin，2018）、DEMEATEL（董

海、李福月，2022）、最优最劣法（Best Worst Method）（郭紫君、李益兵、郭钧，2021）、顺序优先法（Ordinal Priority Approach）（Wang et al.，2022）、解释结构模型（Interpretative Structural Modeling Method）（Chauhan et al.，2020）、熵权法（Zhang et al.，2021）、优劣解距离法（TOPSIS）（Kilic and Yalcin，2020）、假设检验法（Nsikan et al.，2022）等。这些方法或独立应用进行求解，或整合模糊逻辑、整合主客观权重等以混合方法的形式求解高精确度的模型结果。当然，一般学者往往将可持续供应商选择问题看作一个多准则决策问题（董海、李福月，2022），现有研究通常都采用 AHP、ANP、BWM 和 DEMATEL 等多准则决策方法去解决这一问题。例如，刘蓉等人针对铸造企业生产和原材料供应的特点，通过整合模糊逻辑，运用 FAHP 方法衡量了面向铸造企业构建的可持续供应商选择不同指标的重要性程度（刘蓉等，2019）。Liu 等人在 ANP 方法中整合区间二型模糊集（Interval Type-2 Fuzzy Sets），以在不确定信息的环境下求取不同可持续供应商选择的指标权重（Liu，Liu and Qin，2018）。董海和李福月将 DEMATEL 与粗糙集理论结合，根据专家给出的评估意见，确定可持续供应商选择指标的权重系数（董海、李福月，2022）。

目前，贝叶斯网络已经被用于供应链管理相关领域的研究，特别是风险管理领域。例如，杨怀珍和胡葛君以事故树模型为贝叶斯网络结构的构建基础，通过输入专家知识，对各基本事件的重要度进行定量评估，判断各事件的风险性并给出实践意见（杨怀珍、胡葛君，2020）。Ojha 等人运用贝叶斯网络理论研究供应网络节点中断后的复杂风险效应，以改进供应链风险管理（Ojha et al.，2018c）。贝叶斯网络在供应链管理领域的广泛应用离不开其自身诸多的优点。首先，贝叶斯网络具有可靠性。在缺乏客观数据的前提下，基于专家知识提供决策支持是必不可少的，而在这种不确定性环境中，贝叶斯网络被认为是可提供准确结果的工具（Kabir，Sadiq and Tesfamariam，2016）。特别是贝叶斯网络的特点决定了其在条件概率的获取过程中，即使存在误差，只要大致方向无误，最终结果的偏差也会很小。其次，贝叶斯网络具有动态性。一些前期缺乏足够数据的问题，后期随着实践经验的丰富，相关信息数据增多，不确定性降低，贝叶斯网络可以随着收集信息数据的增加而动态调整修正结果，从而提出更加准确的意见（Kaya and Yet，2019）。换句话说，贝叶斯网络对于现阶段缺乏实践的前沿问题的价值意义格外突出。最后，贝叶斯网络具有灵活性。在面临复杂环境时，可能决策环境存在多种情形，需要因决策者现实要求而分类讨论不同情形下的决策思路，而贝叶斯网络可以通过调整复杂环境中不同情形对应节点的发生状态，实现对不同情形的分类研究（Cui，Wu and Dai，2022b）。值得注意的是，虽然贝叶斯网络具有诸多优点，但是目前很少有研究使用贝叶斯网络进行可持续供应商选择研究。尽管一些学者在传统供应商（Ferreira and Borenstein，2012）和绿色供应商（Zhang and Cui，2019）选择方面也有所应用，但很少扩展到可持续层面，特别是多级供应链环境。而根据文献回顾，我们发现贝叶斯网络的三个优势恰好符合当前多级供应链环境中可持续供应商选择的决策应用条件。因此，本书将应用贝叶斯网络去处理相关研究问题。

在指标体系的构建过程中，选择核心指标是重要的一环，因为确定关键指标有助于降低决策的复杂性并促进决策结果的准确性（Luthra et al.，2018）。目前，学者们采用了许多方法去进行关键指标的筛选。比如，有的学者运用经典的赋权方法 AHP 去确定不同指标的权重，从而判断关键准则（Amrita，Garg and Singh，2018）；有的学者依托德尔菲法对指标的重要性进行评价，并通过设置阈值进行指标筛选（Weng et al.，2019）；有的学者借助DEMATEL 方法，以各个指标的中心度为主要判别依据，并综合考虑影响度和被影响度的排名，最终实现筛选关键指标的目的（冯缨、唐慧、孙晓阳，2022）；有的学者基于相关性分析，根据不同指标的相关性程度，筛选关键指标（王伟静等，2017）；有的学者基于群组决策特征根法，通过判断指标的重要性数值和临界值的关系来筛选关键指标（陈伟等，2011）。作为一种比较新颖的方法，SWARA 方法可以通过确定不同指标的权重衡量指标的重要性（Keršulienė，Zavadskas and Turskis，2010）。当前，基于其便利、易操作等特性，SWARA 方法在供应链管理领域的相关研究当中已经得到了一定的应用。例如，Sivageerthi 和 Bathrinath 针对煤炭供应链管理的风险因素，通过 SWARA

确定不同风险的权重，并据此为企业提供解决方案（Sivageerthi et al., 2022）。Gopal 等人运用 SWARA 方法确定了制造业中工业 4.0 供应链可持续性的关键绩效因素（Gopal et al., 2022）。SWARA 独特的方法结构特性使其与其他权重确定方法相比具有许多显著的优势。具体而言，与常用的 AHP 方法相比，SWARA 不需要进行大量的成对比较，操作相对简易、耗时更短，并且其结果具有很高的一致性（Wen et al., 2019）。此外，与近些年得到广泛应用的 BWM 方法相比，SWARA 在面临大量指标时不易因指标的增多而增加指标排序的挑战难度和复杂性，所以 SWARA 法在这种情境下可能更有效和准确（Zolfani and Chatterjee, 2019）。因此，依据 SWARA 计算的权重结果，确定指标的重要性是行之有效的，依托该方法可以为筛选关键指标提供支持。

在评价的过程中，可能存在信息不确定、不准确和不完整的问题，问题的处理可能相对困难。为有效解决上述问题，产生了一种将信息模糊化的处理模式，与此同时一些数学理论相继被提出。在这些数学理论当中，灰色理论、粗糙集理论以及模糊集理论等均得到了广泛的应用。模糊集理论于 1965 年由学者 Zadeh 首次提出，该理论的关键要义在于用隶属度函数描述事物的模糊性（Zadeh, 1965）。作为古典集合理论的重要拓展理论，该理论打破了过去仅能用 0 或 1 表达元素的局限性，使元素表达更加灵活，实现了从精确集合表达到模糊集合表达的较变。作为备受青睐的数学工具，模糊集理论为解决供应链领域的有关问题做出了突出贡献。例如，Sathyan 等人将模糊集理论与 DEMATEL、AHP 和 TOPSIS 方法整合，研究了影响印度汽车供应链响应能力的关键因素（Sathyan et al., 2022）。Canbulut 和 Torun 将模糊集理论用于供应链建模，探索了模糊环境下回购合同的不同配置对供应链绩效的影响（Canbulut and Torun, 2020）。模糊集理论通过构建隶属度函数实现对不确定属性信息的处理。而三角模糊数（Triangular Fuzzy Number, TFN）作为一种隶属度函数相对易界定的模糊数形式，得到了学者们的青睐（郑思睿等，2022）。在涉及专家主观评估的方法中整合三角模糊数，已经被学者们普遍证实能有效地处理被评价主体无法以精确数值度量而仅能采用语言变量进行模糊化评价的突出矛盾，降低专家评估主观性偏差。

第四节　供应链学习对供应链弹性的影响研究综述

一、供应链学习的相关研究

学习的概念源于组织领域（Bessant，Kaplinsky and Lamming，2003），目前在供应链领域也成为学者们广泛关注的话题。供应链包括供应商、核心企业、客户等多个环节，并且每个环节都处于有机联系之中。从供应链各环节联系的角度来看，已有研究证明学习对于供应链的所有成员即核心企业、供应商、客户等具有重要作用（陆芬、徐和、周品，2019）。从获取渠道进行分类，相关研究对于不同供应链学习维度之间的联系性与一致性进行了探讨。首先，从联系性的角度看，已有研究关注分类后的不同维度之间的关系，如Huo 等人的研究能够证明外部学习对于内部学习具有积极影响，并且从外部学习的细分维度即供应商学习和客户学习对供应链学习不同维度之间的关系进行了探究，使我们了解了供应链学习相关变量之间的关系（Huo，Haq and Gu，2021）。另外，从一致性的角度，已有研究从供应链学习的不同维度对于其他因素影响以及其他因素对供应链学习的不同维度影响的一致性进行探究。如霍宝锋等人的研究指出内部学习和外部学习对运营竞争力的影响作用是一致的（霍宝锋、王倩雯、赵先德，2017），信息共享能够对供应链学习的不同维度产生积极作用，并且供应链整合对外部和内部学习的影响都是显著的（Huo，Haq and Gu，2021；Khan and Wisner，2019）。

关于影响供应链学习的因素，已有研究从供应链管理机制、供应链合作以及环境情况的不同角度探讨了能够对供应链学习产生影响的变量因素。从供应链管理机制角度来看，供应链领导和治理机制所产生的联合效应会影响供应链的学习与结构（Jia，Gong and Brown，2019）；从供应链合作伙伴间的因素来看，供应链整合以及合作伙伴之间所进行的信息共享都是影响供应链学习的因素（Huo，Haq and Gu，2021；Khan and Wisner，2019）。从供应链环境的情境因素来看，供应链复杂性是影响供应链学习的因素，并且供应链上游的复杂性和供应链下游的复杂性对于不同维度的供应链学习产生的影响不同。具体而言，供应链下游和上游的复杂性对内部学习都有负面影响，而只有供应链上游的复杂性对外部学习产生消极影响（霍宝锋、王倩雯、赵先德，2017）。

在供应链学习或学习导向对其他因素产生影响的研究中，更多的还是关注对绩效或者创新的影响。对于绩效的影响，已有研究涉及供应链绩效、创新绩效、业务绩效、企业绩效等，结论为学习导向或者供应链学习对于供应链绩效、业务绩效都具有积极的影响（陆杉、李丹，2017；Yang，Jia and Xu，2019；Zhu and Gao，2021）；对于创新绩效，学习导向并没有发挥显著作用（Kumar et al.，2020）；而对于企业绩效而言，内部学习与外部学习所发挥的作用不同。如 Khan 和 Wisner 的实证结果显示，内部学习对企业绩效具有显著的直接影响，而外部学习对企业绩效的直接影响和间接影响都不显著（Khan and Wisner，2019）。另外，还有研究探讨了供应链学习对创新的影响作用，得出供应链学习既有利于提高供应商的创新能力（王永贵、王娜、赵宏文，2014），也有利于培养创新性和创业重点（Zhang and Lv，2015）。与此同时，也有研究证明供应链学习发挥了中介作用，比如在供应链整合和焦点企业绩效、供应链组织学习导向在变革型领导和供应链探索开发二元性之间的关系、创业导向与供应链能力的关系中（Zhu，Krikke and Caniëls，2018，Ojha et al.，2018b；Aslam et al.，2020）。

二、供应链探索和供应链开发的相关研究

在已有关于供应链探索和供应链开发的研究中，一些研究结果证实供应链探索和开发具有相同的影响效果。首先，关于影响供应链探索或供应链开发的前因，Souza-Luz 和 Gavronski 的研究认为，关注整体、多领域的工作经验、技术知识，通过网络的开放连接，愿意与其他管理者分享观点以及企业家能力等因素能够帮助供应链管理者提高供应链双元性，即供应链探索与供应链开发（Souza-Luz and Gavronski，2020）。此外，供应商的整合意愿和吸收能力、供应链的柔性能力以及企业的信息处理需求与其信息处理能力之间的匹配也对供应链探索和供应链开发具有促进作用（Wang et al.，2023；Hald and Nordio，2021；杨红雄、任婉茹，2023），其中供应链的柔性能力可以通过联合不同维度的供应链网络能力去促进供应链即兴探索和供应链即兴开发（杨红雄、任婉茹，2023）。而在供应链探索和供应链开发对于其他因素的影响研究中，已经证明了供应链探索和供应链开发能够对其他的研究变量发挥相同的影响作用。如 Sahi 等人所证明的探索性操作活动与开发性操作活动都能够提升供应链弹性（Sahi et al.，2021）；Singh 和 Hong 表明供应链探索实践与供应链开发实践都能促进供应链风险管理实践（Singh and Hong，2020）。还有一些研究证明了供应链探索和供应链开发的作用效果并不相同。已有的关于影响供应链探索或者供应链开发的前因的研究认为，替代的可用性与权力使用约束、供应链组织学习创造能力与记忆能力、网络占位的能力、企业创新等对供应链探索和供应链开发具有不同的作用（Ojha et al.，2018b；杨红雄、任婉茹，2023；Wu，Yang and Wei，2022；肖利平、刘点仪，2023；杨林波、干晨静，2022），具体而言，替代的可用性对产品创新探索权力的影响更显著，而权力使用约束对产品创新开发的影响更显著（Wu，Yang and Wei，2022）；创造能力对供应链的探索实践具有直接影响，对供应链开发具有间接影响（Ojha et al.，2018b）；网络占位的能力只能促进开发式即兴能力（杨红雄、任婉茹 2023）；客户端的企业创新能够驱动上游企业开展探索式创新（肖利平、刘点仪，2023）；探索式创新能在供应链整合和新产品创新绩效的关系中发挥中介作用，而开发式创新不能（杨林波、干晨静，2022）。

三、供应链敏捷性的相关研究

供应链敏捷性代表着供应链的调整能力，企业可以通过制定战略与目标、规划构建敏捷供应链平台、辨明所需能力与识别现有核心能力、制订获取核心能力的计划去培养新的核心能力、审计与评估核心能力以及巩固与发展核心能力的步骤去帮助构建供应链敏捷性（孔庆善、达庆利，2007）。已有研究证明，合理应用大数据是帮助企业提高供应链敏捷性的一种重要途径，数据驱动—属性激活—动态能力提升—敏捷性触发是实现供应链敏捷性的动态过程之一。此外，在大数据特性即体量大、种类多以及处理速度快对供应链敏捷性的影响的进一步探究中发现，只有处理速度快对供应链敏捷性有显著的积极影响（孙新波等，2019；Cadden et al.，2022）。对于影响供应链敏捷性的因素，大多研究得出了其他因素对供应链敏捷性具有积极影响的结论，如供应链适应性和供应链一致性所构成的供应链双元性、过程集成和供应灵活性、集体横向竞合、供应链整合、模块化战略、供应链管理实践、供应链分析、制造企业的IT能力与供应商的运营协作，均能对供应链敏捷性产生积极的作用（Andriopoulos and Lewis，2009；Irfan，Wang and Akhta，2020；廖凯诚、张玉臣、冷志明，2020；Shukor et al.，2021；张洁，2021；杨艳玲、田宇，2015；Al-Omoush et al.，2024；Yang，2014）。相反，供应链的外部复杂性和内部复杂性都对供应链敏捷性具有消极的影响（白世贞、丁君辉，2022）。

对于企业而言，实现生存与发展是重要的目的，绩效是企业需要密切关注的指标。现有研究也广泛探究了供应链敏捷性对不同绩效，如企业绩效、财务绩效、供应链绩效、成本运营绩效等的作用。一些研究表明，供应链敏捷性对企业绩效起积极的作用（杨艳玲、田宇，2015；刘珂，2019；冯长利等，2015），具体而言，供应链敏捷性能够在供应链可视性对企业绩效的影响中起到完全中介作用、在供应链管理实践对企业绩效的影响中发挥部分中介作用、在供应链知识共享对企业绩效的影响中起到间接作用（杨艳玲、田宇，2015；刘珂，2019；冯长利等，2015）。从企业的行业性质来看，供应链敏捷性对电商企业绩效和零售企业绩效也都具有积极影响（张洁，2021；白世贞、丁君辉，2022）。对于财务绩效，敏捷性能够在农产品电子商务能力对企业财务绩效的影响中发挥中介作用（李蕾、林家宝，2019）。而在对供应链绩效、运营绩效和经营绩效的影响方面，供应链敏捷性同样具有正向影响（Cherian et al.，2023；Cadden et al.，2022；Irfan，Wang and Akhta，2020；Dominik et al.，2015）。此外，还有学者研究了供应链敏捷性对于竞争能力、客户有效性和成本效率以及其他公司衡量指标如销售额、上市速度、盈利能力等的影响。例如，供应链敏捷性可以帮助企业提升竞争能力，能够在环境不确定性与竞争优势之间起到部分中介作用（Aldhaheri and Ahmad，2023；Koc，Deliba and Anado，2022）。供应链敏捷性对客户有效性和成本效率、公司衡量指标即公司的销售额、上市速度、盈利能力、市场份额和消费者满意度等具有积极的影响（Gligor，Esmark and Holcomb，2015；Du，Hu and Vakil，2021），并且在环境包容性、环境复杂性和环境动态性更高的水平下供应链敏捷性对客户有效性和成本效率的影响更明显（Gligor，Esmark and Holcomb，2015）。

第五节 控制机制对供应链弹性的影响研究综述

一、控制机制的相关研究

控制机制（Control Mechanism）在供应链弹性研究中的作用体现在通过设定规则、实现目标以及监督和评估等手段，规范、引导和限制组织成员的行为过程及其成果，以确保组织目标的达成。研究表明，控制机制主要分为结果控制和过程控制两大类。在采用结果控制时，企业依据实际成果与既定目标之间的差异，并通过基于成果的奖励机制，激励员工努力实现企业目标。相较于关注最终成果的结果控制，过程控制侧重于员工的行为过程。它通过对员工行为流程的标准制定、评估和反馈，以及基于流程的奖励机制，促使员工按照流程操作，从而实现目标。结果控制和过程控制各有侧重点，适用于不同的场景。例如，当任务的结果可以明确界定和衡量时，结果控制更为适用；而当任务的过程需要明确界定和衡量时，过程控制则更为合适。因此，当发现企业在面对不确定性因素时倾向于采用过程控制，而在业绩规范化的情况下，则更可能采用结果控制（张金隆、丛国栋、陈涛，2009）。有学者指出，企业若能深入了解自身的内部运作流程，便可通过过程控制手段显著提高业绩水平；而控制措施所能达到的效果，则依赖于对企业行动成果的准确评估。除了为特定情境量身定制的控制策略，许多学者也对在各种特定活动中如何设计有效的控制机制进行了深入探讨。比如，一些研究表明，过程控制在促进知识应用与创新自主性方面起到了正面的调节作用，而结果控制对此类关系的影响则表现出一种"倒 U"型的趋势（Tatikonda and Rosenthal，2000）。王栋和陈永广强调了将过程控制与调节知识运用在促进自主创新中的重要性，并通过实证分析揭示了结果控制和过程控制在不同类型创新中的作用差异。这些发现为企业有效利用控制机制来提升其创新能力和绩效提供了有价值的参考（王栋、陈永广，2010）。苏中锋和李嘉的研究表明，在探索性学习中应采用过程控制，在应用性学习中则应侧重于结果控制。这一发现与其他研究结果一致，即过程控制能够增强探索性学习与企业绩效之间的正向联系，而结果控制则可能削弱这种联系（苏中锋、李嘉，2012）。供应链弹性也需要合适的控制机制，以保证企业在重要商业活动中的有效运作（熊焰，2009）。由于供应链是一个具有整体性的业务系统，企业的控制机制在供应链弹性的文献中被广泛认为可以有效管理和协调供应链合作伙伴之间的互动。关于控制机制的主流研究旨在揭示其个体对绩效的影响。例如，Espallardo 等人的研究表明，社会控制在促进供应链绩效方面起着关键作用（Hernández-Espallardo，Rodríguez-Orejuela and Sánchez-Pérez，2010），而过程控制和结果控制对绩效的影响不显著。其他研究人员从交互视角探讨不同控制机制是否对性能表现具有替代或互补效应。还有部分学者调查了不同环境不确定性背景下控制模式和供应链过程变化之间的联系。可见，以往研究已经认识到控制机制在供应链管理和绩效改进方面的重要作用。然而，随着业务环境的复杂性和不确定性的增加，供应链弹性作为制造业企业生存的一种基本能力，依赖于供应链关系中的控制机制这一事实已经成为亟须解决的问题。因此，控制机制对供应链弹性的影响需要进行进一步实证研究。

二、供应链弹性的相关研究

在大环境变化日益剧烈的 VUCA 时代，未来企业战略的制定需要提升应变能力和预见性，二者相辅相成、缺一不可。而动态能力理论下的供应链弹性的内核刚好满足此需求，它涵盖了事件发生前的准备、供应链中断时的响应和事件过后的恢复及成长，因此，动态能力理论常被用来解释这一现象。企业动态能力是指企业在不断变化的外部环境中，通过整合、创新和重组内外部资源来追寻和利用机会的能力。在供应链管理中，具备这种能力至关重要，因为供应链经常面临各种内外部的不稳定因素，如自然灾害、市场波动等（Irfan et al.，2022）。扩大企业的动态能力可以协助企业合理调整和优化供应链结构，应对种种不确定因素（Zhu and Zhang，2022）。结合动态能力理论观点，我国学者蒲国利等人以供应链中断风险为研究背景，根据动态能力理论，结合 Hohenstein 等人的研究成果，重新界定了供应链的弹性，指出供应链弹性应该在面对不同程度的风险时具备相应的反应能力，能够快速做出反应并恢复原有状态，或者调整到更加理想的状态，以提升客户服务水平、增加市场份额和财务绩效（Hartmann and Giunipero，2015；Hohenstein et al.，2014）。虽然供应链弹性的定义并不统一，但是都围绕柔性能力、响应能力和恢复能力。弹性指的是一种属性，能够调整、组合、重构供应链，通过针对性的措施使之回到正常的工作状态（Hu and Bentler，2009）。供应链弹性的提升依赖于企业的动态能力，特别是那些能够促进信息共享、增强供应链协同作用的能力。同时在价值创造方面，它也作为一种动态能力能让企业吸收不同来源的风险影响，持续提高绩效，通过资源整合确保竞争优势，而高绩效又会带来经济效益，因此在不断变化和创新的环境中，建立供应链弹性的公司更有可能从不可预见的中断和事件中迅速恢复，并仍然获得较高的财务业绩。近年来，国内外研究越来越关注数字化相关主题和供应链弹性之间的联系，宋华等人指出数字化能力是企业动态能力形成的前提，即与供应链弹性息息相关，以应对供应链风险（宋华，麦孟达，2018）；Dubey 等人发现大数据分析能力是通过增强供应链可视性来提升供应链弹性，保证了企业的竞争优势（Dubey et al.，2019）；还有学者发现供应链数字化可以通过数字成熟度和供应链数字工具对供应链弹性产生影响（覃艳华、曹细玉、宋巧娜，2013）。动态能力理论认为，动态能力需要依靠实时信息对环境变化进行快速识别以调整战略，而数字技术的应用则可以在供应链中断时，促进信息共享，将关键信息及时分享到供应链上下游，避免造成多头扩张效应，抵御供应链中断带来的消极影响。动态能力理论在不同行业的供应链管理中的作用也逐渐显现。例如，在服务行业中，动态能力理论的应用侧重于服务创新和客户体验的提升。根据 Ritola 等学者的研究，通过从产品退货信息中进行增量学习，企业可以不断改进其产品和服务，从而获得竞争优势（Ritola，Krikke and Caniëls, 2022)。这表明服务业企业需要利用动态能力来持续地从客户反馈中学习,以改进服务质量和客户满意度。而在制造业中,动态能力理论的应用主要集中在通过采用新技术和数字化供应链来提高生产效率和灵活性。研究发现,企业通过采用数字化供应链,可以更好地应对制度压力,实现可持续发展目标。这表明制造业企业需要具备动态能力,以快速适应外部环境的变化,如政策要求、市场需求和技术进步等(Gupta et al., 2020)。在竞争日益激烈的市场环境中,企业供应链在适应动态变化的过程中,表现出一大特性,即紧跟时代,积极利用数字技术。供应链弹性是企业供应链实现长期发展的动力源泉,也是企业取得卓越业绩的表现。可见,动态能力理论提供了一个重要的理论框架,使供应链弹性及相关领域研究得到理解和增强。企业可以通过整合和重构资源,更好地应对市场的不确定性,从而提升供应链的整体性能和竞争力。

第六节　现有研究评述

一、关于循环供应链关键实践研究

虽然目前的研究表明了 CSCP 实践的重要性,但在整个供应链的背景下哪些实践更重要仍然有待探讨。传统上,供应链被定义为一个集成的过程,包括原材料和零件的采购,产品的制造和组装,以及最终将产品交付给客户。供应链的每一个环节,从原材料的开发到产品的报废管理,都有助于促进循环经济的发展。同时,不同流程中的 CSCP 对企业绩效的有效执行有不同的影响。在企业资源有限的情况下,应该明确优先实施哪一种 CSCP。因此,将循环经济概念引入供应链需要综合考虑供应链的全过程,以更好地探索和发展 CSCP。然而,现有研究缺乏对供应链各个环节的 CSCP 的分析,也缺乏对不同 CSCP 标准重要性的衡量,不利于对 CSCP 的全面认识。因此,本书从整个供应链的角度对 CSCP 进行了全面的分析,并探讨了不同实践的优先级。

此外，现有研究涉及的评价方法均存在一定的局限性，例如，通用性差，不能处理大量的决策标准，不能可靠地分析 CSCP 系统中不同标准之间的优先级等。本书的目的是充分探索和确定多种 CSCP 标准。这需要一种能够为关键的 CSCP 标准及其优先级提供可靠结果的方法。为此，本书采用了模糊集理论、德尔菲法和贝叶斯网络的混合方法。DM 是一种传统的专家调查方法。本书利用 DM 来删除不重要的实践并确定关键的 CSCP 标准。在此过程中，本书引入了 FST 来提高结果的效度和信度。模糊德尔菲法（FDM）已被证明是一种简单有效的筛选标准的方法。然后，本书利用 BN 方法来确定在整个 CSCP 系统背景下确定的 CSCP 标准之间的相对重要性。本书选择 BN 方法的原因有两个：第一，在复杂的 CSCP 系统中，判断不同 CSCP 标准与整体 CSCP 之间的关系存在不确定性。也就是说，具体标准对 CSCP 整体实施的影响程度是不确定的。在这种不确定的背景下，很难探讨各种 CSCP 标准在 CSCP 体系中的相对重要性。BN 具有很强的能力来解决这种不确定性问题，并已被证明是一种有效的方法。第二，对于相对较新的循环供应链概念，企业的实践也处于探索阶段，客观数据的获取并不容易。因此，有必要选择一种允许处理主观数据的方法。BN 允许专家使用经验知识来研究变量之间的关系。此外，为了减少专家决策过程的不确定性，该方法还引入了 FST。

二、关于可持续供应商选择标准研究

根据本书梳理的国内外相关研究不难看出，多级供应链已经成为核心企业提高综合竞争力的必由之路。基于次级供应商对整个供应链可持续绩效的重要影响，将核心企业的管理边界延长到次级供应商已经是当下学术界和工业界必须探索的重要议题。值得注意的是，虽然目前管理者和学者们开始从内部和外部的不同方面着手，探索如何加强多级供应链环境下的可持续发展，但是，现有研究鲜有从次级供应商选择的环节入手，从供应链的源头出发，通过选择具备高可持续性水平的供应商来保障多级供应链的有效运转。而现有研究证实了供应商在经济、环境和社会方面的绩效对核心企业乃至整个供应链条都具有连锁反应，其可持续绩效能够传导到供应链上的其他企业，所以可持续供应商选择理应是重要的可持续发展手段。因此，在多级供应链的背景下，选择可持续的供应商，其重要性不言而喻。但是，目前国内外学者对于可持续供应商选择问题的研究大多基于"制造商—供应商"的二元关系角度，尚未扩展到次级供应商这一主体。因此，多级供应链管理中的可持续供应商选择是值得讨论的前沿问题。

此外，要想真正选到最具有可持续性的供应商，科学客观的可持续供应商选择指标体系不可或缺。从当前关于可持续供应商选择指标体系的研究现状不难发现，学者们注意到了综合经济、环境和社会三维度的可持续供应商选择指标体系建立的重要性并进行了大量研究，相关的指标体系和结论已经被较广泛地应用在二元关系的可持续供应商选择过程中，但是基于三元关系的可持续三重属性指标体系构建问题并未得到充分讨论。对于多级供应链环境，其结构更复杂、利益主体更多元、管理难度更大，这意味着基于二元关系的可持续供应商选择指标体系不适用于本研究，也就是说在多级供应链管理中仍然缺乏一套完善、可靠的指标体系支持供应商的选择。此外，由于不同的核心企业可能采用不同的多级供应链管理结构，其最终面临的可持续供应商选择决策环境不同，所以需要综合多级供应链的三种结构有针对性地制定指标体系。综上，本书将基于三重底线原则，综合经济、环境和社会三个属性，精准识别和确定多级供应链管理中不同管理结构下的可持续供应商选择指标体系，从而为核心企业决策提供支持。

最后，当前学术界采用的一些多准则评价方法多适用于结构单一、模式固定、主体聚焦的简单决策环境，不适用于多级供应链环境。本书根据综述发现贝叶斯网络恰好契合多级供应链环境。因此，本书选择采用贝叶斯网络进行研究。此外，由于目前缺乏多级供应链环境中的可持续供应商选择指标体系，在指标的识别过程中将遵循完整性原则。与此同时，为避免因指标过多造成的贝叶斯网络决策过程复杂化以及核心企业精力分散化，筛选核心的关键指标体系是必要举措。基于SWARA方法的可靠性和简便性，本书采用该法确定不同指标的重要性进而筛选指标。最后，由于客观数据难以获取，贝叶斯网络的应用需要输入专家知识，且在SWARA方法的处理过程中同样需要专家判断，对此本研究将模糊集理论的三角模糊数与这两种方法进行整合，以提高研究结果的可靠性。综上，本书将采用三角模糊数与贝叶斯网络和 SWARA 相结合的决策模型研究多级供应链环境下的可持续供应商选择问题。

三、关于供应链学习对供应链弹性的影响研究

从已有研究来看，供应链弹性已经成为供应链研究领域的热门话题。但是目前关于供应链弹性的研究更多地关注影响供应链弹性的因素或者机制，以及供应链弹性对绩效的影响，仍然可以结合新的影响因素去探究对供应链弹性的其他影响路径。而且基于知识的视角对供应链弹性进行的研究也明显不足。梳理已有研究不难看出知识对于供应链企业的重要性。知识是企业的重要战略资源与核心竞争力的来源，供应链需要提高自身获取知识的水平与能力以应对环境变化。供应链学习是企业实现知识获取、转移、利用等的一种重要手段，而在已有对供应链学习的研究中，从供应链学习影响其他因素的角度更多地关注对绩效或者创新变量的影响，而对供应链弹性的研究相对缺乏。同时很多研究也只是从供应链学习的不同维度即供应商学习、内部学习以及客户学习去考虑影响因素以及这些维度对于被影响因素的一致性与区别性进行探究，但对供应链学习内部维度之间关系的研究还不够充足，缺少影响供应链学习的因素的扩展讨论，也未将供应链学习作为整体变量与供应链弹性的关系进行研究。

此外，供应链探索和供应链开发能够基于企业的知识实现新知识的获取以及更新利用，也能够充分体现知识的价值。目前对于供应链探索和供应链开发的研究更多关注二者所发挥的作用是否一致，而鲜有探讨供应链探索与供应链开发之间的关系。虽然已有研究指出通过供应商和客户进行信息技术的探索能促进供应商和客户的弹性而开发则不能起到促进作用，但对于供应链探索和供应链开发整体变量对于供应链弹性的影响的关注并不充分。与此同时，供应链敏捷性作为一种能够体现快速反应与调整的能力，企业能够利用知识进行调整，而目前关于供应链敏捷性的实证研究，

多集中于供应链敏捷性对绩效的影响，对于其他因素，如供应链弹性的研究则相对较少。

四、关于控制机制对供应链弹性的影响研究

首先，已有的关于供应链弹性作用机制的研究主要集中在发达国家，发展中国家相对较少，且鲜有实证研究系统讨论中国情境下企业的管理实践对供应链弹性的影响。西方发达国家对供应链弹性的研究较早，理论也较为成熟，但由于国家制度、文化等情境的不同，这些理论不能完全适用于中国的企业实践，聚焦于中国企业的理论研究亟待加强。

其次，已有部分学者关注到供应链弹性对企业可持续绩效的影响，也在文章中提供了部分实证支持，但大多研究将供应链弹性作为一个独立变量进行检验。由于供应链弹性涉及不同维度，每种维度属性不同，同一变量对各维度的影响效果可能不同。在本书中，控制机制又分为三种：过程控制、结果控制和社会控制，不同控制机制又可能对不同的弹性产生不同效果。由于当前研究尚缺乏相关细分的思考，本书将对这一问题进行补充探讨。

最后，在关于供应链弹性作用机制的实证研究中，部分侧重于对供应链弹性的影响因素进行探讨，如采用案例分析、多准则评估等方法。而实证研究则相对较少，且将供应链弹性作为自变量的研究较多，作用因变量的研究较少。对于如何通过供应链弹性及其促成因素来提升企业可持续绩效的作用机制，研究也处于初级阶段，以概念和基础案例研究为主。在当今 VUCA 时代，企业敏捷应对风险发生的迫切需求给供应链弹性建设提出了更高的要求，也使供应链弹性及其影响因素对企业可持续绩效作用的研究成为一个新颖而又亟待探索的重要课题。

第三章　循环供应链关键实践研究

　　由于对环境的贡献，循环经济（CE）越来越受到公众的关注（Ghisellini, Cialani and Ulgiati, 2016）。而经济全球化的加速，也使企业竞争力正逐渐从企业向供应链转移。因此，企业不仅在其内部推广循环经济概念，还将其扩展到供应链上下游的合作伙伴中（Bag, Gupta and Foropon, 2019; Ripanti and Tjahjono, 2019; Garrido-Hidalgo et al., 2012; Zhao et al., 2022），循环供应链越发受到重视，企业也积极开展循环供应链实践（CSCP）以期减少整个供应链上的资源浪费，促进回收利用，提高供应链运营效率（De Angelis, Howard and Miemczyk, 2018; Farooque et al., 2019）。然而，这个过程往往并不容易（Mangla et al., 2018）。学术界也进行了大量的研究，主要涉及两个方面：一方面，从单一供应链过程（如物流、生产和采购）的角度关注CSCP，认为企业应该采用有效的逆向物流、清洁生产和供应商选择实践等方法（Hicks and Dietmar, 2007; Bernon, Tjahjono and Ripanti, 2018; Prosman and Sacchi, 2018）。另一方面，讨论了一些强调物联网和区块链技术应用的具体实践，以及与循环供应链中利益相关者的合作（Garrido-Hidalgo et al., 2012; Tseng et al., 2022）。虽然目前的研究让我们对CSCP有了一定的认识，但相对零散，没有从整个供应链的角度系统地探索供应链实践。供应链是一个从采购到回收的综合过程，每个供应链环节都涉及各种可以创造环境效益的管理实践（Hervani, Helms and Sarkis, 2005; van Capelleveen et al., 2021），并且每个环节的CSCP都存在关联（González-Sánchez et al., 2020）。

同时，由于资源的限制，企业不可能关注每个 CSCP，应该有优先级地进行实践活动。虽然目前一些研究也表明了 CSCP 的重要性，但如何从整个供应链的视角识别出关键的 CSCP 仍有待探讨。为此，本章选择 3R 原则作为理论基础。3R 原则包括减量化、再利用和再循环，是实施循环经济最基本的原则，在制定和实施 CSCP 时，对循环经济的扩展有重要意义（Ranta，Aarikka-Stenroos and Mäkinen，2018；Bai et al.，2019b）。此外，在减量化、再利用和再循环各个维度中，本书考虑了整个供应链从上游到下游的 CSCP。

第一节　循环供应链实践指标体系构建

鉴于 3R 对循环经济的重要性，本书构建了基于 3R 原则的 CSCP 评价体系，CSCP 标准涉及供应链的各个环节。本节的文献来源主要来自循环经济、CSCP 和可持续供应链领域。本节回顾了可持续供应链领域的 CSCP 标准，因为许多 CE 实践被用于可持续供应链管理，并被认为在某种程度上是等效的（Zhu and Cote，2004；Sarkis，2012；Hussain and Malik，2020）。所有最终的 CSCP 标准都经过团队和专家的严格筛选，且筛选分为两轮。在第一轮中，研究小组的四名成员从 3R 相关文献中选择 CSCP 标准；第二轮，专家严格审查各 CSCP 标准所发挥的作用是否与 3R 的内涵一致。具体情况如下。

减量化（A_1）是 3R 的第一原则。选择本地供应商（C_1）可以减少间接运输造成的资源浪费和成本，提高生产效率（Prosman and Sacchi，2018；Govindan et al.，2020）。使用机械化和自动化设备（C_2）有助于实现资源的高效开发（Zhao et al.，2012；Xu，Kamat and Menassa，2018）。采用节能技术（C_3）有助于减少各种污染物的排放，缩短生产时间，提高资源开发的综合效益（Agrafiotis and Tsoutsos，2001；Chen et al.，2020）。使用先进的技术来监控生产过程（C_4）可以减少浪费，提高生产效率（Díaz et al.，2011；Abdul-Hamid et al.，2020）。在生产过程中实施管理体系标准（C_5）可以创造更高效和可持续的生产实践，这是循环经济的重要实践（Winkler，2011；Chiappetta Jabbour et al.，2020）。要求物流公司合理规划产品装卸（C_6）有助于提高运输作业效率（Lajjam et al.，2014；Nowakowski，Szwarc and Boryczka，2020）。与物流公司合作设计和优化物流路径（C_7）有利于减少燃料消耗和资源浪费（Gajanand and Narendran，2013；Farooque et al.，2019）。与包装公司合作，简化包装设计（C_8），大大减少了包装浪费，符合循环经济的概念（Zheng and Zhang，2010；Kuo et al.，2019）。

再利用（A_2）是 3R 的第二个原则。生产耐用材料（C_9）有效提高了产品的耐用性（Bocken et al.，2016；Mesa，González – Quiroga and Maury，2020）。通过技术创新延长产品的使用寿命（C_{10}）是促进循环经济发展的重要实践（Despeisse et al.，2017；Patwa et al.，2021）。采用可拆卸设计（C_{11}）促进产品回收后有用部件的再利用，从而延长了部件的使用寿命（Crowther，1999；Tian and Chen，2014；Farooque et al.，2019）。要求物流公司合理组织回购运输以避免运输过程中的产品损坏（C_{12}），因为退货过程中的运输损坏对逆向物流具有不利影响（Irani et al.，2017；Ghadimi，Wang and Lim，2019）。提供标准化的维修/翻新服务（C_{13}）被认为是延长产品和材料寿命的必要的循环经济实践（Sharma，Garg and Sharma，2016；Nazlı，2021；Rogers，Deutz and Ramos，2021）。采用标准化体系进行产品再制造（C_{14}）也是延长产品使用寿命的一种做法（King et al.，2006；Hartwell and Marco，2016）。

再循环（A_3）是 3R 的最后一个原则。选择有回购计划的供应商（C_{15}）有助于产品回收（Zhen-Hua et al.，2010；Levering and Vos，2019）。购买可再生材料和其他绿色材料（C_{16}）是促进循环经济发展的有效做法（Kirchherr，Reike and Hekkert，2017；Saha，Dey and Papagiannaki，2021）。在生产过程中对废物进行后处理，使其成为可用资源（C_{17}）也是循环经济的一个重要领域（Russo et al.，2019）。建立产品回收体系（C_{18}）是循环经济微观层面的一项重要措施，有利于提升逆向物流的绩效（Su et al.，2013；de Oliveira，Luna and Campos，2019）。建立回收和废物利用的政策框架（C_{19}）有助于帮助管理者做出决策并促进供应链中的流通实践（Masi et al.，2018；Saroha，Garg and Luthra，2020）。与中间商合作，鼓励消费者购买使用可回收材料的产品（C_{20}），是实施循环经济的重要实践（Su et al.，2013；Ballantine，Ozanne and Bayfield，2019）。此外，与中间商合作，鼓励消费者在使用后退回二手产品（C_{21}）是欧洲的一项有效措施（Jena and Sarmah，2015；van weelden，Mugge and Bakker，2016）。综上所述，基于 3R 原则的 CSCP 体系如表 3.1 所示。

表 3.1　基于 3R 原则的 CSCP 准则

维度	CSCP 准则
减量化（A_1）	选择本地供应商（C_1）
	使用机械化和自动化设备（C_2）
	采用节能技术（C_3）
	使用先进的技术来监控生产过程（C_4）
	在生产过程中实施管理体系标准（C_5）
	要求物流公司合理规划产品装卸（C_6）
	与物流公司合作设计和优化物流路径（C_7）
	与包装公司合作，简化包装设计（C_8）
再利用（A_2）	生产耐用材料（C_9）
	通过技术创新延长产品的使用寿命（C_{10}）
	采用可拆卸设计（C_{11}）
	要求物流公司合理组织回购运输以避免运输过程中的产品损坏（C_{12}）
	提供标准化的维修/翻新服务（C_{13}）
	采用标准化体系进行产品再制造（C_{14}）
再循环（A_3）	选择有回购计划的供应商（C_{15}）
	购买可再生材料和其他绿色材料（C_{16}）
	在生产过程中对废物进行后处理，使其成为可用资源（C_{17}）
	建立产品回收体系（C_{18}）
	建立回收和废物利用的政策框架（C_{19}）
	与中间商合作，鼓励消费者购买使用可回收材料的产品（C_{20}）
	与中间商合作，鼓励消费者在使用后退回二手产品（C_{21}）

第二节　方法论

本书提出了一种混合方法，包括模糊集理论、德尔菲法和贝叶斯网络来分析 CSCP 的相对重要性。具体来说，模糊集理论用于将语言偏好转换为模糊数，提高结果的可靠性（Tseng et al.，2022），并将其引入德尔菲法和贝叶斯网络中，形成模糊德尔菲法和模糊贝叶斯网络。模糊德尔菲法用于筛选和识别关键的 CSCP（Tseng and Bui，2017；Wu et al.，2017a），模糊贝叶斯网络通过分析和比较 CSCP 的影响来确定 CSCP 的相对重要性（Yazdi and Kabir，2017；Li，Wang and Shan，2019；Cui，Wu and Dai，2021）。

一、模糊德尔菲法

本阶段采用模糊德尔菲法筛选关键 CSCP 标准（Zhao and Li，2015；Dong and Huo，2017）。

步骤 1：收集专家意见。通过问卷调查，在专家 $t(t = 1，2，\cdots，e)$ 中收集每个标准 $i(i = 1，2，\cdots，n)$ 的最保守值和最乐观值，范围从 0 到 10。

步骤 2：建立三角模糊函数。

计算各 CSCP 准则的保守 TFN $\tilde{Z}_i = (C_l^i，C_m^i，C_u^i)$ 和乐观 TFN $\tilde{R}_i = (O_l^i，O_m^i，O_u^i)$。其中，$C_l^i$ 和 O_l^i 分别为最小保守值和最小乐观值；C_u^i 和 O_u^i 分别为最大保守值和最大乐观值；C_m^i 为保守值的几何平均值，O_m^i 为乐观值的几何平均值。具体来说，$C_l^i = \min(C_{tl}^i)$，$O_l^i = \min(O_{tl}^i)$，$C_m^i = \sqrt[e]{\prod_{t=1}^{e} C_{tm}^i}$，$O_m^i = \sqrt[e]{\prod_{t=1}^{e} O_{tm}^i}$，$C_u^i = \max(C_{tu}^i)$ 和 $O_u^i = \max(O_{tu}^i)$。

步骤 3：检查专家意见的一致性，计算每个 CSCP 标准的共识显著性 G_i 的值。G_i 的值越大，一致性越好。可以通过以下方式获得：

（1）若 $O_l^i \geqslant C_u^i$，实践 i 持有完全共识，且共识意义值 G_i 为：

$$G_i = \frac{C_m^i + O_m^i}{2} \tag{3.1}$$

（2）若 $O_l^i < C_u^i$，则有一个灰色区间 $V_i = C_u^i - O_l^i$。

① 若 V_i 小于区间 $H_i = O_u^i - C_m^i$，则对实践 i 的评论是一致的，并且 G_i 是

$$G_i = \frac{C_u^i \times O_m^i - O_l^i \times C_m^i}{(C_u^i - C_m^i) + (O_m^i - O_l^i)} \tag{3.2}$$

② 若 V_i 大于 Hi，则评论不一致。对 CSCP 标准 i 的新评论应重复步骤1~3，直到所有 CSCP 标准评论一致，并可计算出相应的共识显著性值。

步骤4：通过设置阈值筛选关键 CSCP 标准。

（1）若 $G_i \geqslant \varepsilon$，则接受第 i 个 CSCP 准则；

（2）若 $G_i < \varepsilon$，则拒绝第 i 个 CSCP 准则。

二、模糊贝叶斯网络

接下来本阶段采用模糊贝叶斯网络来确定 CSCP 标准的相对重要性（Kabir，Sadiq and Tesfamariam，2016；Yazdi and Kabir，2017；Yang，Lan and Tseng，2018；Li，Wang and Shan，2019；Cui，Wu and Dai，2021）。

步骤1：构建 CSCP 系统的模糊贝叶斯网络模型。

CSCP 系统的模糊贝叶斯网络模型涉及 3R 和循环经济。对于状态变量，本研究采用双状态系统来描述节点状态，包括状态"High"和"Low"（"High"代表节点的强实现，而"Low"代表节点的弱实现）。

步骤2：进行模糊先验概率和模糊条件概率评估。

首先，邀请 k 位专家按语义术语对先验概率（父节点概率）和条件概率进行评估，如表3.2所示，表中可使用5个语义术语。其次，根据表3.1将专家评估的语义术语转换为 TFN。最后，得到先验概率 TFN $\tilde{P}(\pi(X_j))$ 和条件概率 TFN $\tilde{P}(X_j \mid \pi(X_j))$，两者均以 (L, M, U) 的形式表示，其中 $X_j(j = 1, 2, \cdots q)$ 是贝叶斯网络的变量，$\pi(X_j)$ 是变量 X_j 的父集。

表 3.2　获取模糊概率的语义术语

语言表示	三角模糊数
极低影响（VLI）	(0.0, 0.1, 0.3)
低影响（LI）	(0.1, 0.3, 0.5)
一般影响（I）	(0.3, 0.5, 0.7)
高影响（HI）	(0.5, 0.7, 0.8)
极高影响（VHI）	(0.7, 0.8, 1.0)

步骤 3：计算先验概率 $P(\pi(X_j))$ 和条件概率 $P(X_j \mid \pi(X_j))$ 的聚合值。上述两个值的计算过程与下面的值的计算过程类似：

$$\omega = \frac{\dfrac{\sum_{i=1}^{k} L}{k} + 2 \times \left(\dfrac{\sum_{i=1}^{k} M}{k}\right) + \dfrac{\sum_{i=1}^{k} U}{k}}{4} \tag{3.3}$$

步骤 4：使用以下贝叶斯规则计算后验（更新）概率 $P(U \mid E)$。

考虑变量间的条件依赖关系，贝叶斯网络表示一组变量 $U = \{X_1, \cdots X_q\}$：

$$P(U) = \prod_{1}^{q} P(X_j \mid \pi(X_j)) \tag{3.4}$$

随后，将 X_i 的边际概率计算为

$$P(X_j) = \sum_{UX_j} P(U) \tag{3.5}$$

利用贝叶斯定理对给定的新信息进行信念更新，通过表达式产生后验概率。这些新信息被称为证据 E。这些证据通常基于专家知识，或者在过程的生命周期中以事件的形式、对事件后果的观察等获得。

$$P(U \mid E) = \frac{P(U, E)}{P(E)} = \frac{P(U, E)}{\sum_{U} P(U, E)} \tag{3.6}$$

步骤 5：通过比较 $P(U \mid E)$ 值的大小，确定各 CSCP 标准的相对重要程度，并对其进行排序。

作为有效决策的关键步骤，有必要确定导致顶层事件发生的基本根事件。本研究采用贝叶斯诊断分析［即根据结果分析原因，其中根节点的后验概率

$P(U \mid E)$ 通过提供顶端事件发生的证据 E 来确定〕来分析 CSCP 系统中各 CSCP 准则的相对重要性。

步骤 6：根据 CSCP 标准的重要性排序对结果进行解释。

第三节　结合案例的应用与结果分析

一、案例背景

为了对本书提供有效的支持，案例企业必须面对利益相关者监督对环境变化的要求，并有意愿和实力在供应链中发展可持续。在环保生产转型的背景下，制造业是经济发展的基石，也迫切需要向循环经济模式转变，并将这种模式扩展到供应链的上下游（Jaeger and Upadhyay，2020；Urbinati et al.，2020）。此外，中国政府近年来越来越重视可持续发展，提出了基于 3R 原则的环保发展建议，并指导企业实施环保实践（Yong，2007）。在这种情况下，中国许多有实力的制造企业已经开始探索和实践向循环经济模式的转型。因此，本书选择了一家有强烈发展循环供应链意愿的中国制造企业作为研究对象。

具体而言，本书选择了一家中国组织"Y 公司"作为案例研究对象。Y 公司是中国制造业 500 强企业，是一家传统的家电企业；业务遍及国内外，产品市场占有率居中国前列。公司年营业收入约 70 亿元，现有员工 6000 余人。Y 公司坚持绿色环保的发展理念，曾获得"绿色企业"称号。近年来，Y 公司通过产品回收、生态设计和其他方法专注于循环经济的发展。此外，Y 公司注重与供应链上下游企业合作，从供应链的角度发展循环经济。Y 公司的这些特征符合本研究的主题。

然后，使用滚雪球技术完成数据收集。运用滚雪球技术来识别专家被认为可以为研究提供有效的支持（Rauer and Kaufmann，2015）。首先，研究小组向 Y 公司的三名经理解释了调查的目的，他们对研究表现出了浓厚的兴趣。其次，我们请这三位管理者推荐不同部门从事循环供应链工作的专家。最终有十位专家参与了这项研究。他们的工作涉及循环供应链的运作，均都有八年以上的工作经验。通过对这些专家的访谈，团队认为他们为本书提出了有效的建议。有学者指出，一个由十名专家组成的小组可以为单个案例公司提供可靠的结果。此外，在已发表的 DM 和 BN 方法的文献中，大多研究邀请了十位或更少的专家（Chan et al., 2010；Hsu, Melewar and Lin, 2013；Li, Wang and Shan 2019；Zhang, Lan and Yu, 2021b）。因此，本书选择十位专家是合理的。专家的具体信息如表 3.3 所示。

表 3.3　专家的具体信息

序号	职位	工作经验（年）	工作内容
1	供应链经理	10	规划供应链战略
2	采购经理	8	制订采购计划
3	财务经理	9	财务预算
4	研发经理	8	产品开发
5	销售经理	8	制订销售计划
6	售后经理	12	售后管理
7	生产经理	14	制订生产计划
8	总经理	18	商业计划制定和部门管理
9	物流经理	11	物流运输状态管理
10	质量经理	15	质量性能管理

二、案例应用及结果分析

本书使用上述方法来分析基于 3R 的 CSCP 标准的相对重要性。具体申请流程如下两个方面。

1. 根据方法学阶段 1 筛选关键的 CSCP 标准

首先，根据第一阶段的步骤 1，通过评分区间，邀请十位专家对 CSCP 标准的相对重要性进行悲观和乐观评价，如表 3.4 所示。

表 3.4　十位专家确定的 CSCP 标准的相对重要性

CSCP 标准	专家1		专家2		专家3		…	专家8		专家9		专家10	
	Min	Max	Min	Max	Min	Max	…	Min	Max	Min	Max	Min	Max
C_1	2	4	2	4	5	8	…	5	6	7	8	1	2
C_2	3	5	4	8	7	10	…	7	8	8	9	5	9
C_3	4	8	6	9	7	8	…	6	7	6	7	5	9
C_4	4	8	2	5	5	6	…	5	7	8	9	4	8
C_5	3	6	4	8	6	7	…	4	5	8	9	4	10
C_6	2	5	2	6	4	5	…	6	8	7	8	1	4
C_7	3	6	2	5	5	6	…	5	7	6	7	1	3
C_8	3	6	4	5	2	5	…	4	7	4	5	4	5
C_9	3	6	4	9	7	8	…	5	8	3	4	5	7
C_{10}	5	8	2	7	4	5	…	5	7	4	8	8	10
C_{11}	5	9	3	6	3	4	…	5	7	6	7	3	8
C_{12}	4	7	3	7	5	6	…	5	7	6	7	5	9
C_{13}	2	5	3	6	4	5	…	5	7	5	6	5	9
C_{14}	5	8	3	6	3	6	…	6	8	5	6	9	10
C_{15}	5	8	3	7	3	4	…	5	6	7	8	2	4
C_{16}	5	9	4	9	5	6	…	6	7	7	8	6	10
C_{17}	4	8	4	9	3	4	…	6	7	6	7	5	10
C_{18}	5	9	3	8	5	6	…	5	7	5	6	5	8
C_{19}	3	5	3	6	4	5	…	5	7	5	7	5	9
C_{20}	4	6	2	8	5	6	…	5	7	7	8	8	10
C_{21}	6	9	2	6	5	7	…	3	5	8	9	8	10

其次，本书根据第一阶段的步骤 2 计算保守型 TFN $\tilde{Z}_i$ 和乐观型 TFN $\tilde{R}_i$。

再次，本书通过计算 $H_i - V_i > 0$ 是否成立来检验评论的一致性。根据这一标准，假定本研究的结果是一致的。然后，根据公式（3.1）和（3.2）计算共识显著性值。

最后，十位专家设置阈值 $\varepsilon = 5.7$，以帮助筛选关键 CSCP。事实证明，这个阈值可以由专家来确定（Dong and Huo，2017）。先前使用 FDM 方法的文献表明，设置 $\varepsilon > 5.5$ 是有意义的（Zhao and Li，2015）。因此，阈值是可靠的。表 3.5 显示了关键 CSCP 的筛选过程和结果。

表 3.5　基于 FDM 的关键 CSCP 标准的筛选过程和结果

CSCP 标准	保守 TFNs			乐观 TFNs			$H_i - V_i$	共识值 G_i	结果	重命名
	C_l^i	C_m^i	C_u^i	O_l^i	O_m^i	O_u^i				
C_1	1	2.81	7	2	5.06	8	0.09	4.14	拒绝	
C_2	2	4.65	8	5	7.42	10	2.35	6.26	接受	P_1
C_3	2	4.63	7	4	7.43	9	1.37	5.77	接受	P_2
C_4	2	4.35	8	5	7.58	9	1.65	6.24	接受	P_3
C_5	3	4.41	8	5	7.22	10	2.59	6.15	接受	P_4
C_6	1	3.87	8	4	6.76	9	1.13	5.60	拒绝	
C_7	1	3.64	6	3	6.17	9	2.36	4.72	拒绝	
C_8	2	4.27	7	5	6.47	8	1.73	5.70	接受	P_5
C_9	3	4.78	7	4	7.23	9	1.22	5.78	接受	P_6
C_{10}	2	4.84	8	5	7.24	10	2.06	6.27	接受	P_7
C_{11}	2	4.47	8	4	7.19	9	0.53	5.80	接受	P_8
C_{12}	3	4.38	8	5	7.20	9	1.62	6.13	接受	P_9
C_{13}	2	3.85	8	3	6.31	9	0.05	5.25	拒绝	
C_{14}	3	5.26	9	6	7.68	10	1.74	6.83	接受	P_{10}
C_{15}	2	4.17	8	4	6.56	9	0.83	5.60	拒绝	
C_{16}	3	5.00	8	6	9.13	10	3.00	6.83	接受	P_{11}
C_{17}	3	4.61	8	4	7.35	10	1.39	5.89	接受	P_{12}
C_{18}	2	4.47	8	5	7.20	9	0.53	5.80	接受	P_{13}
C_{19}	2	4.27	8	4	6.49	9	0.73	5.60	拒绝	
C_{20}	2	4.85	8	3	7.07	10	0.05	5.86	接受	P_{14}
C_{21}	2	4.80	8	3	7.11	10	0.20	5.81	接受	P_{15}

基于表 3.5，筛选后保留了标准 C_2，C_3，C_4，C_5，C_8，C_9，C_{10}，C_{11}，C_{12}，C_{14}，C_{16}，C_{17}，C_{18}，C_{20} 和 C_{21}。这些标准被重命名为 P_1，P_2，$\cdots$，P_{15}。

2. FBN 用于判断各关键 CSCP 准则的相对重要性

第一，根据表 3.1 和表 3.5 构建基于 3R 的 CSCP 系统 FBN 图，如图 3.1 所示。它显示了包含 3R 原理（A_1，A_2，A_3）和 15 个 CSCP 准则（P_1，P_2，…，P_{15}）的 CSCP 系统的 FBN 图。

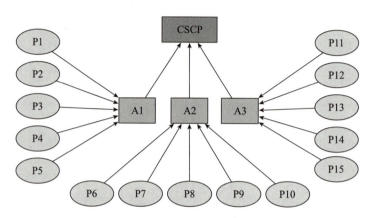

图 3.1 基于 3R 原理的 CSCP 系统 FBN 图

第二，根据表 3.2 将专家评估转化为模糊先验和条件概率。表 3.6 显示了专家 1 在"High"（P_j）和"Low"（$\overline{P}_j$）状态下的模糊先验概率评估。

表 3.6 专家 1 的模糊先验概率评估

P_1	P_2	P_3	P_4	……	P_{12}	P_{13}	P_{14}	P_{15}
(0.7, 0.8, 1.0)	(0.5, 0.7, 0.8)	(0.3, 0.5, 0.7)	(0.3, 0.5, 0.7)	……	(0.5, 0.7, 0.8)	(0.5, 0.7, 0.8)	(0.3, 0.5, 0.7)	(0.5, 0.7, 0.8)
$\overline{P}_1$	$\overline{P}_2$	$\overline{P}_3$	$\overline{P}_4$	……	$\overline{P}_{12}$	$\overline{P}_{13}$	$\overline{P}_{14}$	$\overline{P}_{15}$
(0.0, 0.1, 0.3)	(0.1, 0.3, 0.5)	(0.3, 0.5, 0.7)	(0.3, 0.5, 0.7)	……	(0.5, 0.7, 0.8)	(0.5, 0.7, 0.8)	(0.3, 0.5, 0.7)	(0.5, 0.7, 0.8)

第三，使用公式（3.3）计算模糊先验概率和条件概率。"High"和"Low"状态下的模糊先验概率如表 3.7 所示。表 3.7 给出了 15 个父节点的模糊先验概率（CSCP 标准）。

表 3.7　父节点的模糊先验概率

P_1	P_2	P_3	P_4	P_5	P_6	P_7	P_8	P_9	P_{10}	P_{11}	P_{12}	P_{13}	P_{14}	P_{15}
0.7100	0.6725	0.5750	0.6175	0.5025	0.5975	0.6725	0.6150	0.5950	0.6350	0.6350	0.6175	0.5950	0.5350	0.5950
$\bar{P}_1$	$\bar{P}_2$	$\bar{P}_3$	$\bar{P}_4$	$\bar{P}_5$	$\bar{P}_6$	$\bar{P}_7$	$\bar{P}_8$	$\bar{P}_9$	$\bar{P}_{10}$	$\bar{P}_{11}$	$\bar{P}_{12}$	$\bar{P}_{13}$	$\bar{P}_{14}$	$\bar{P}_{15}$
0.2900	0.3275	0.4250	0.3825	0.4975	0.4025	0.3275	0.3850	0.4050	0.3650	0.3650	0.3825	0.4050	0.4650	0.4050

模糊条件概率评估和模糊条件概率的生成与上述求解过程类似。通过输入模糊先验概率和模糊条件概率，最终构建出 FBN 模型，如图 3.2 所示。在此过程中，本书采用了 Netica 软件。

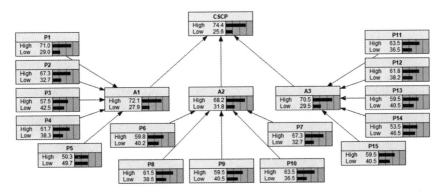

图 3.2　基于模糊先验概率和模糊条件概率的 FBN 模型

第四，公式（3.4）~（3.6）的计算过程也依赖 Netica 软件。图 3.3 显示了强实现顶层事件（CSCP）时的 FBN 模型。

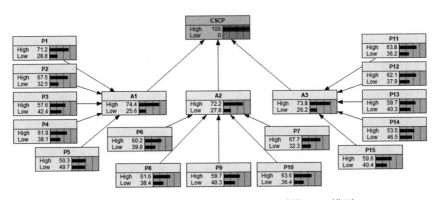

图 3.3　强力实施顶层事件（CSCP）时的 FBN 模型

第五，本书比较了各根节点（CSCP 标准）根据阶段 2 的步骤 5 被强力执行状态的后验概率，确定其相对重要性。图 3.4 显示了各根节点在强实施状态下的后验概率。

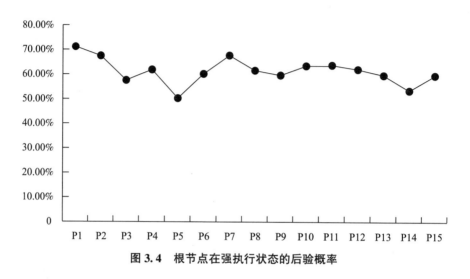

图 3.4　根节点在强执行状态的后验概率

由图 3.4 可知，采用机械化和自动化设备的 CSCP 标准的相对重要性排序为（P_1）>通过技术创新延长产品使用寿命（P_7）>采用节能技术（P_2）>采购可再生材料和其他绿色材料（P_{11}）>采用标准化体系再制造产品（P_{10}）>在生产过程中的废弃物进行再处理，使其成为可利用的资源（P_{12}）>在生产过程中实施管理体系标准（P_4）>采用可拆卸设计（P_8）>生产耐用材料（P_6）>要求物流公司合理组织回购运输，避免产品在运输过程中损坏（P_9）>建立产品回收系统（P_{13}）>与中间商合作鼓励消费者在使用后退回二手产品（P_{15}）>使用先进技术监控生产过程（P_3）>与中间商合作鼓励消费者购买使用可回收材料的产品（P_{14}）>与包装公司合作简化包装设计（P_5）。

上述结果表明，在实施 CSCP 时，采用机械化和自动化设备（P_1）、通过技术创新延长产品使用寿命（P_7）、采用节能技术（P_2）以及采购可再生材料和其他绿色材料（P_{11}）具有更高的优先级。与中间商合作，鼓励消费者购买使用可回收材料的产品（P_{14}），与包装公司合作，简化包装设计（P_5），排名靠后，这意味着这些实践应该在后期实现。

本章小节

虽然循环供应链已经引起了学术界和业界的广泛关注，但循环供应链中的 CSCP 标准尚未得到充分的探索。以往的研究缺乏从整个供应链过程的角度对 CSCP 标准进行全面的讨论，也没有讨论 CSCP 体系中各个标准的相对重要性。本研究通过探讨 CSCP 系统中各标准的相对重要性，为决策者提供实践指导。从整个供应链的角度加深了对 CSCP 的理解。具体而言，本书基于 CE 的 3R 原则和从采购到回收的整个供应链过程，并对文献进行了回顾，确定了一套 21 项标准。在此基础上，构建了包含 15 个关键 CSCP 标准的 CSCP 体系。此外，提出了一种包括 FDM 和 FBN 的混合方法来探索 CSCP 系统中每个准则的相对重要性的方法。并对 CSCP 领域的系统研究进行了拓展，提出了一些新的思路（3R 原则和全供应链流程），为研究 CSCP 标准的相对重要性提供了一种可靠的方法。研究结果表明，在 CSCP 系统中，采用机械化和自动化设备、通过技术创新延长产品使用寿命、采用节能技术以及采购可再生材料等标准是比较重要的。在此基础上，本书提出了一些建议：重点企业应使用机械化和自动化设备并帮助其供应链合作伙伴使用机械化和自动化设备，在技术创新方面也要为合作伙伴提供支持，通过创新促进产品延长使用寿命。

第四章　可持续供应商选择标准研究

目前，学者们虽然对可持续供应商选择议题进行了广泛的研究，但大多是从二元关系（即聚焦核心企业和其直接供应商）的角度进行研究（戚筱雯、张俊岭、梁昌勇，2022；牟能冶、常建鹏、陈振颂，2018），鲜有涉及三元关系，即涵盖核心企业、一级供应商和次级供应商的研究。换句话说，目前缺乏对核心企业在多级供应链管理中的可持续供应商选择问题的研究（Dou, Zhu and Sarkis，2018）。此外，现有的可持续供应商选择研究往往聚焦在经济和环境两个维度，对社会维度的研究尚不充分。而涵盖经济、环境和社会多维度的供应商选择标准更加符合利益相关者的要求、符合联合国可持续发展目标。只有关注次级供应商主体，明确上游多级的供应链伙伴选择标准，深入贯彻可持续发展理念，深度实施可持续的供应链管理，才能使可持续绩效最大化。因此，有必要从多级供应链管理的角度对可持续供应商选择进行研究。当然，在选择的过程中，企业面临不同的可持续供应商选择指标。而不同指标对企业的实际效益影响度往往不同，这就要求在构建指标体系的基础上对指标进行分析，明确哪些指标应当是企业最先考虑的，从而指导企业进行可持续供应商的选择。

学术界通常认为可持续供应商选择是一个多准则决策（Multiple Criteria Decision Making，MCDM）问题。一些多准则决策方法已被用于处理可持续供应商的选择问题，例如，层次分析法（AHP）（Büyüközkan，2012），网络分析法（ANP）（Kuo and Lin，2012）和决策试验和评价实验室（DEMATEL）

（Song，Xu and Liu，2017）。然而，由于多级供应链存在多种结构，决策环境相对复杂，一些方法并不适用。通过对方法的研究发现，贝叶斯网络能通过调整节点发生的状态，为采取不同多级供应链结构的企业提供对应的可持续供应商选择指标（Wang et al.，2020a），具有灵活性。此外，由于现阶段基于多级供应链管理的可持续供应商选择指标体系尚未形成统一的标准，而新建指标体系的构建应在尽可能保证体系完整的思想下进行，所以避免不了识别大量的指标。但是，不同指标的重要程度不一，简单笼统地纳入指标体系，可能会因指标的庞杂性分散企业的决策精力（张振刚、林丹，2021），且过于复杂的指标会使贝叶斯网络决策过程更加复杂，影响数据处理效率，因此，对指标进行初步筛选就很重要。逐步加权评估比率分析法（SWARA）是筛选指标的一种可靠办法。此外，由于涉及专家的主观评价，评价过程可能存在主观不确定性，所以引入模糊逻辑尤为重要。三角模糊数作为模糊集理论的重要形式可以有效降低因专家评估造成的主观因素偏差，提高决策结果的精度和准度。因此，构建一个混合SWARA法、贝叶斯网络和三角模糊数的决策模型对于支持多级供应链管理中的可持续供应商选择具有重要意义。

第一节　多级供应链管理中可持续供应商选择指标体系构建

一、指标体系构建原则

可持续供应商选择过程复杂，在多级供应链的环境中由于主体范围更加广泛，这种复杂度也变得更高。为了使指标体系更加完善和客观，本书将遵循以下原则构建指标体系。

（一）科学性原则

科学合理是构建可持续供应商选择指标体系必须遵循的首要原则。科学性原则要求在构建面向多级供应链的可持续供应商选择指标体系时，对多级供应链以及可持续供应商等概念有深层次的认识和理解，本着科学严谨的态度，确保每一个指标都建立在文献基础之上；且不同指标彼此独立，不相互冲突和重复。总之，必须确保每个指标的提取理由都足够明确和充分。

（二）全面性原则

在构建过程中，尽可能多地去梳理、总结与可持续供应商选择密切相关的指标，保障本研究所识别的指标覆盖面足够广，能够良好、完整、综合地反映被选择供应商的可持续性水平，从不同角度体现待评估对象的全貌，保障研究的全面性。

（三）可操作性原则

可操作性原则是保障研究按照计划顺利开展的基础性原则，指标体系构建必须遵循这一原则，从而服务好后续研究。这就要求在评价指标的开发过程中综合考虑指标数据的可得性、流程简易性等。因此，要避免因指标名称表述过于专业或者过于复杂给数据获取带来困难，尽可能降低发生数据失真或偏差甚至造假的可能性，确保评价结果的准确性。

（四）逻辑性原则

逻辑性原则的核心要义是在指标确定过程中按照规律有序开展，具体来说表现为两个方面：一方面，在指标获取的过程中，确立搜索的关键词，依据相关关键词的分类以及相关文献的具体发表时间、来源等逻辑线逐一分析；另一方面，有关指标的提取以及指标体系的架构需要建立在理论基础之上。

（五）导向性原则

导向性原则主要是指评价人员对指标的评价能很好地反映被评价对象的直接主观感受。在进行可持续供应商选择时，识别的指标要符合可以评判供应商可持续性水平的要求，对核心企业的选择实践能提供可靠借鉴，确保不偏离研究主题。

二、可持续供应商选择指标开发

在供应商选择过程中，确定可持续供应商选择的指标非常重要。经过研究分析和专家讨论，本书确定了多级供应链中不同结构的可持续供应商选择指标识别的立足点。为保证本研究的指标识别足够客观，我们邀请了来自企业、高校、科研院所的专家共同参与指标识别过程。一方面，考虑到一级供应商在"开放式多级供应链"结构中传播可持续指标的中介作用，本书认为一级供应商要对次级供应商承担可持续管理者的身份。也就是说，一级供应商在"开放式多级供应链"结构中应该具备供应商开发的能力。因此，在该结构下一级供应商的选择指标来自供应商可持续开发领域的文献。需要注意的是，本书讨论的基础是一级供应商本身符合核心企业的可持续供应商标准。另一方面，考虑到核心企业是直接在"封闭式多级供应链"结构中选择次级供应商，因此核心企业只需要考虑次级供应商的条件是否符合它们的标准。也就是说，"封闭式多级供应链"结构下的次级供应商的选择指标可以直接从可持续供应商选择的角度来提取。在确定了可持续供应商选择指标建立的依据后，本书梳理了大量的文献。首先，我们确立了"供应商开发""供应商选择""供应商管理""可持续供应链""多级供应链""绿色供应链"和"供应链管理"七个关键词，并搜集了大量关于该类关键词的文献。其次，我们阅读了收集到的期刊出版物的摘要，筛选出应详细研读的关键文献。现有研究多采用此方法选择可持续供应商选择标准的文献（Ghadge et al., 2019），这个方法被证实是可靠的。通过阅读所选文献，我们制订了 35 个可持续供应商选择指标。其中，"开放式多级供应链"结构有 17 个指标，"封闭式多级供应链"结构有 18 个指标。经过审议，专家小组认为确定的指标符合指标构建的原则，严格遵循三重底线理论，贴合研究目的和需求，可以纳入指标体系。

本书构建的可持续供应商选择指标框架包括两种多级供应链结构。具体来说，设 $CF = (S_1, S_2)$，S_1 代表"开放式多级供应链"结构（核心企业对次级供应商间接管理），S_2 代表"封闭式多级供应链"结构（核心企业对次级供应商直接管理）。每个多级供应链管理结构都包含三个维度：经济、环境和社会，

$S_1 - (EC_1, EN_1, SO_1)$，$S_2 - (EC_2, EN_2, SO_2)$。每个维度都有相应的指标，每个指标定义为 $C_j(j = 1, 2, \cdots 35)$。

在"开放式多级供应链"结构中，一级供应商与次级供应商之间信息共享（C_1）、一级供应商与次级供应商之间联合决策（C_2）以及一级供应商与次级供应商之间系统耦合（C_3）在可持续的经济维度中有正向积极作用（Yigitbasioglu，2010；Sancha, Longoni and Giménez，2015；Ha, Park and Cho，2011；Cagliano, Caniato and Spina，2005）。一级供应商对次级供应商实施经济评估（C_4）、一级供应商对次级供应商的激励（C_5）和一级供应商对次级供应商直接投资（C_6）被认为是供应商开发的重要举措，有利于提高供应商绩效（Wagner，2006；Krause, Scannell and Calantone，2000）。一级供应商对次级供应商的环境绩效激励（C_7）、一级供应商帮助次级供应商提升环境管理能力（C_8）、一级供应商对次级供应商的环境指标要求（C_9）、一级供应商与次级供应商签订环保方面合同（C_{10}）和一级供应商对次级供应商实施环境评估（C_{11}）是绿色供应商开发实践和活动的重要组成部分（Bai and Sarkis，2010a；Dou, Zhu and Sarkis，2014）。一级供应商对次级供应商的环境监测（C_{12}）是绿色供应链管理的重要实践（Vachon，2007；Green et al.，2012）。一级供应商对次级供应商道德行为的要求（C_{13}）、一级供应商对次级供应商实施道德评估（C_{14}）、一级供应商培训次级供应商的社会责任（C_{15}）、一级供应商要求次级供应商在决策中考虑利益相关者利益（C_{16}）和一级供应商要求次级供应商签署法律协议（C_{17}）是衡量供应商社会可持续水平的重要维度（Wu，2017；Lu, Lee and Cheng，2012）。

在"封闭式多级供应链"结构中，大量证据表明次级供应商的交付成本（C_{18}）、次级供应商的交货周期（C_{19}）、次级供应商的交付质量（C_{20}）、次级供应商的灵活性（C_{21}）和次级供应商的技术能力（C_{22}）是传统的面向经济维度的供应商绩效评估指标（Bai et al.，2012；Kuo, Wang and Tien，2010；Kannan, Govindan and Rajendran，2015；Dulmin and Mininno，2003；Lee et al.，2009）。此外，次级供应商的财务能力（C_{23}）被认为在可持续供应链的经济绩效中起着重要作用（Lee et al.，2009；Khan et al.，2018）。次级供应商的污染防治（C_{24}）、次级供应商的环境管理体系（C_{25}）、次级供应商的资源消耗（C_{26}）、次级供应商的环境能力（C_{27}）、次级供应商的绿色设计（C_{28}）和次级供应商的循环利用（C_{29}）是可持续供应商在环境评估中的重要参考（Amindoust et al., 2012; Hashemi, Karimi and Tavana, 2015）。在社会方面，次级供应商的雇佣实践（C_{30}）、次级供应商的健康和安全管理（C_{31}）、次级供应商对当地社区的影响（C_{32}）和次级供应商的信息披露（C_{35}）通常被视为是供应商选择的重要标准（Luthra et al., 2017; Bai and Sarkis, 2010b; Ahmadi, Kusi-Sarpong and Rezaei, 2017）。此外，次级供应商雇员的人权（C_{33}）是检验供应商社会责任水平的重要因素（Ağan et al., 2016; Harms, Hansen and Schaltegger, 2013）。次级供应商的商业道德（C_{34}）被视为是潜在的可持续供应商评估标准（Khan et al., 2018; Jain and Khan, 2017）。

表 4.1 和表 4.2 显示了在多级供应链环境下"开放式多级供应链"和"封闭式多级供应链"结构中拟定的可持续供应商选择指标。

表 4.1　"开放式多级供应链"结构中拟定的可持续供应商选择指标

维度		指标	描述
经济 （EC_1）	C_1	一级供应商与次级供应商之间信息共享	一级供应商与次级供应商共享相关信息（如生产和销售信息）
	C_2	一级供应商与次级供应商之间联合决策	一级供应商指导次级供应商在经营管理上做出决策
	C_3	一级供应商与次级供应商之间系统耦合	在交易和采购等系统中一级供应商和次级供应商进行共享联通
	C_4	一级供应商对次级供应商实施经济评估	一级供应商对次级供应商的财务能力、运营能力等经济维度的评价
	C_5	一级供应商对次级供应商的激励	一级供应商奖励次级供应商在交付质量和交付周期等方面的表现
	C_6	一级供应商对次级供应商直接投资	一级供应商对次级供应商的经济方面能力的建设

维度	指标		描述
环境 （EN_1）	C_7	一级供应商对次级供应商的环境绩效激励	一级供应商对次级供应商的环境整体绩效奖励
	C_8	一级供应商帮助次级供应商提升环境管理能力	一级供应商对次级供应商投资以提升其环保生产能力
	C_9	一级供应商对次级供应商的环境指标要求	一级供应商对次级供应商的环保指标方面的要求（如环保认证）
	C_{10}	一级供应商与次级供应商签订环保方面合同	一级供应商与次级供应商在绿色生产方面达成正式合作
	C_{11}	一级供应商对次级供应商实施环境评估	一级供应商对次级供应商在污染控制、资源消耗等方面的评估
	C_{12}	一级供应商对次级供应商的环境监测	一级供应商对次级供应商在生产过程的动态环境监控
社会 （SO_1）	C_{13}	一级供应商对次级供应商道德行为的要求	一级供应商对次级供应商在人权和其他方面的道德要求
	C_{14}	一级供应商对次级供应商实施道德评估	一级供应商对次级供应商的社会维度进行评估
	C_{15}	一级供应商培训次级供应商的社会责任	一级供应商对次级供应商进行健康安全管理体系建设、员工人权保障等方面的培训
	C_{16}	一级供应商要求次级供应商在决策中考虑利益相关者利益	一级供应商要求次级供应商保护利益相关者的利益
	C_{17}	一级供应商要求次级供应商签署法律协议	一级供应商要求次级供应商依法开展生产活动

表4.2 "封闭式多级供应链"结构中拟定的可持续供应商选择指标

维度	指标		描述
经济 （EC_2）	C_{18}	次级供应商的交付成本	次级供应商提供的原材料价格
	C_{19}	次级供应商的交货周期	次级供应商的供应周期时长
	C_{20}	次级供应商的交付质量	次级供应商提供的原材料质量
	C_{21}	次级供应商的灵活性	次级供应商的临时供货能力
	C_{22}	次级供应商的技术能力	次级供应商的生产技术水平
	C_{23}	次级供应商的财务能力	次级供应商的经济实力

续表

维度	指标		描述
环境 （EN_2）	C_{24}	次级供应商的污染防治	次级供应商对有害气体或物质的治理
	C_{25}	次级供应商的环境管理体系	次级供应商构建环境体系的内容
	C_{26}	次级供应商的资源消耗	次级供应商在生产过程中消耗的资源量
	C_{27}	次级供应商的环境能力	次级供应商实现自身环境治理的能力
	C_{28}	次级供应商的绿色设计	次级供应商在生产过程中的绿色工艺设计
	C_{29}	次级供应商的循环利用	次级供应商的废物回收水平
社会 （SO_2）	C_{30}	次级供应商的雇佣实践	次级供应商的员工规划和实践
	C_{31}	次级供应商的健康和安全管理	次级供应商产品和员工的健康与安全管理
	C_{32}	次级供应商对当地社区的影响	次级供应商对当地社区的贡献
	C_{33}	次级供应商雇员的人权	次级供应商对员工合理需求的保护程度
	C_{34}	次级供应商的商业道德	次级供应商在生产、交易等环节的规范性
	C_{35}	次级供应商的信息披露	次级供应商披露的制造过程相关信息

第二节 多级供应链管理中可持续供应商选择评价模型研究

一、可持续供应商选择评价流程

本模型的评价流程分为三个阶段。第一阶段是基于文献调查与专家咨询的形式构建指标体系。第二阶段是将三角模糊数整合到 SWARA 方法中，确定指标体系中各个指标的权重；然后通过引入阈值实现对关键指标的筛选。第三阶段是整合三角模糊数和贝叶斯网络，在模糊贝叶斯网络方法中设置系数以调节结构状态，从而确定在不同多级供应链结构下关键可持续供应商选择指标的重要性排序，最终根据结果进行分析。具体模型流程如图 4.1 所示。

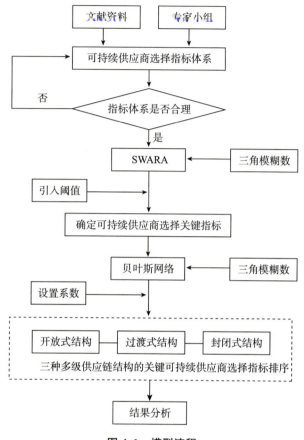

图 4.1　模型流程

二、三角模糊数

通常来说，用以度量的评价指标都具有一定的模糊性。作为模糊信息处理的重要工具，三角模糊数为不确定性环境下的指标量化处理，降低传统评估方法主观性提供了有力支持，在评价方法中整合三角模糊数可以很好地处理被评价指标无法进行准确度量而仅能用自然语言进行模糊评价的问题。三角模糊数的优势使其成为学者们处理模糊数据的首要选择，对此本书将在方法应用中整合三角模糊数。以下是三角模糊数的两个定义。

定义 1：若 $\tilde{A}$ 是实数集 $R(-\infty,+\infty)$ 的模糊数，则其隶属函数 $u_{\tilde{A}}(x)$：$R \to [0,1]$ 满足公式 4.1 时，可以表示为一个三角模糊数。

$$u_{\widetilde{A}}(x) = \begin{cases} 0 & (x \leqslant 1) \\ x - l/m - l & (l < x \leqslant m) \\ x - u/m - u & (m < x \leqslant u) \\ 0 & (x > u) \end{cases} \tag{4.1}$$

根据公式（4.1），图4.2展示了一个三角模糊数的隶属函数，其中 m 是中值，l 和 u 分别是下界值和上界值，l，m，u 反映 $\widetilde{A}$ 的模糊程度，三角模糊数表示为 $\widetilde{A} = (l，m，u)$。

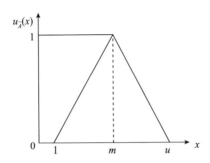

图4.2　三角模糊数隶属函数

定义2：设有两个三角模糊数，分别为 $\widetilde{A}_1 = (l_1，m_1，u_1)$，$\widetilde{A}_2 = (l_2，m_2，u_2)$；则两个三角模糊数的基本运算规则可以表示为：

模糊加法：　$\widetilde{A}_1 + \widetilde{A}_2 = (l_1 + l_2，m_1 + m_2，u_1 + u_2)$ $\tag{4.2}$

模糊减法：　$\widetilde{A}_1 - \widetilde{A}_2 = (l_1 - l_2，m_1 - m_2，u_1 - u_2)$ $\tag{4.3}$

模糊乘法：　　$\widetilde{A}_1 \times \widetilde{A}_2 = (l_1 l_2，m_1 m_2，u_1 u_2)$ $\tag{4.4}$

模糊除法：　$\dfrac{\widetilde{A}_1}{\widetilde{A}_2} = \left(\dfrac{l_1}{u_2}，\dfrac{m_1}{m_2}，\dfrac{u_1}{l_2} \right)$ $\tag{4.5}$

三、基于模糊 SWARA 法的可持续供应商选择关键指标识别

SWARA 法是 Keršulienė 等学者在 2010 年提出的一种方法，通常用来确定指标的权重，近年来应用较多（Keršulienė, Zavadskas and Turskis，2010）。本书将依据该方法所得的权重结果进行指标筛选。SWARA 方法之所以在近几年得到了较广泛的应用，与该方法的优势密不可分。具体来说，其优势为：结

果一致性相对较高；方法应用过程相对简单、耗时更短、成本更低。因此，采用该方法筛选关键指标更加便捷、更加可靠。综上，本书将 SWARA 法与三角模糊数结合，通过引入阈值来筛选关键指标，具体应用步骤如下。

步骤 1：按指标预估重要性降序排列指标。

首先，根据表 4.1 和表 4.2 中的可持续供应商选择指标框架设计问卷。其次，邀请专家根据决策目标从最重要到最不重要的指标进行排序。最后，通过计算平均值获得最终指标排名。

步骤 2：收集指标的模糊相对重要性评价（J）。

从这个阶段的第二个指标开始，专家需要为每个指标提供一个指标 C_j 相对于前一个指标 C_{j-1} 的相对重要性评价。表 4.3 展示了用于判断指标相对重要性的模糊比较语言量表。

表 4.3　模糊相对重要性评价

语言表示	三角模糊数
极端不重要（MLI）	（0.222，0.25，0.286）
非常不重要（VLI）	（0.286，0.333，0.4）
不重要（LI）	（0.4，0.5，0.667）
稍微不重要（MLI）	（0.667，1，1.5）
同等重要（EI）	（1，1，1）

步骤 3：获得专家对指标评估的合计平均值（$\tilde{s}_j$）。

使用公式（4.6）汇总整合指标的相对重要性级别。Keršulienė 等学者将其定义为比较显著性（Zhang and Cui，2019）。公式（4.6）中的（l_j，m_j，u_j）是一个三角模糊数。

$$\tilde{s}_j = \left(\frac{\sum_{j=1}^{t} l_j}{t}, \ \frac{\sum_{j=1}^{t} m_j}{t}, \ \frac{\sum_{j=1}^{t} u_j}{t} \right) \tag{4.6}$$

步骤 4：通过公式（4.7）~（4.9）计算指标的系数值（$\tilde{k}_j$），重新计算模糊权重（$\tilde{q}_j$）和模糊相对权重（$\tilde{w}_j$）。

$$\widetilde{k}_j = \begin{cases} \widetilde{1}; & j = 1 \\ \widetilde{s}_j + \widetilde{1}; & j > 1 \end{cases} \quad (4.7)$$

$$\widetilde{q}_j = \begin{cases} \widetilde{1}; & j = 1 \\ \dfrac{\widetilde{q}_{j-1}}{\widetilde{k}_j}; & j > 1 \end{cases} \quad (4.8)$$

$$\widetilde{w}_j = \frac{\widetilde{q}_j}{\displaystyle\sum_{j=1}^{n} \widetilde{q}_j} \quad (4.9)$$

步骤5：通过使用公式（4.10）重心法去模糊化公式，以获得去模糊化的标准权重值（w_j）。

$$w_j = \frac{(u_j - l_j) + (m_j - l_j)}{3} + l_j \quad (4.10)$$

步骤6：通过设置阈值 α 来筛选关键指标（Hsu，Lee and Kreng，2010），并将筛选完的关键指标重新定义为 $F_j(j = 1, 2, \cdots n)$。具体的关键指标筛选原则如下：

① 如果 $w_j \geqslant \alpha$，则指标 C_j 确定为关键指标；

② 如果 $w_j < \alpha$，则删除指标 C_j。

四、基于模糊贝叶斯网络的可持续供应商选择评价

贝叶斯网络是一个由节点和有向边共同组成的有向无环图。节点表示变量，而有向边表示节点之间的依赖关系（从父节点到子节点）。任意节点都有一个相应的条件概率，用于定量表示父节点对子节点的影响。贝叶斯网络方法具有良好的灵活性，并且应用该方法在整体方向性无误的情况下，所得到的结果通常偏差较小，不影响整体结果，从方法的价值性来分析，该方法符合本研究的目的。因此，本书将贝叶斯网络与三角模糊数相结合，具体应用步骤如下。

步骤1：在多级供应链环境中构建可持续供应商选择的贝叶斯网络模型。

可持续供应商选择的贝叶斯网络模型包括三种多级供应链结构："开放式多级供应链""封闭式多级供应链"和"过渡式多级供应链"。对于节点状态，

我们采用两个状态系统，将节点状态描述为"Yes"或"No"（"Yes"表示完全应用，"No"表示不应用）。在构建的贝叶斯网络中，当节点 S_1 = Yes，S_2 = No 时，则表示为"开放式多级供应链"结构，属于该结构的关键可持续供应商选择指标 F_j 纳入考察范围。当节点 S_1 = No，S_2 = Yes 时，则表示为"封闭式多级供应链"结构，属于该结构的关键可持续供应商选择指标 F_j 纳入考察范围。当节点 S_1 = Yes，S_2 = Yes 时，则表示为"过渡式多级供应链"结构，所有关键可持续供应商选择指标 F_j 均纳入考察范围。S_1 和 S_2 节点指向的节点代表多级供应链可持续管理，以 MT_ SSCM 表示。

步骤 2：获取模糊先验概率和模糊条件概率。

邀请 k 位专家评估先验概率（父节点的概率）和条件概率。表 4.4 显示了专家评估中使用的语义量表。

表 4.4 模糊概率获取的语言量表

语言表示	三角模糊数
极低影响（VLI）	(0.0, 0.1, 0.3)
低影响（L）	(0.1, 0.3, 0.5)
一般影响（I）	(0.3, 0.5, 0.7)
高影响（HI）	(0.5, 0.7, 0.8)
极高影响（VH）	(0.7, 0.8, 1.0)

步骤 3：计算先验概率 $P_a(X_i)$ 和条件概率 $P(X_i \mid P_a(X_i))$，获得上述两个概率值，计算以公式（4.11）求取 P 值的过程为例。

$$P = \frac{\dfrac{\sum\limits_{i=1}^{k} l}{k} + 2 \times \left(\dfrac{\sum\limits_{i=1}^{k} m}{k}\right) + \dfrac{\sum\limits_{i=1}^{k} u}{k}}{4} \tag{4.11}$$

其中 X_i 是贝叶斯网络的变量，$P_a(X_i)$ 是变量 X_i 的父集合。

步骤 4：使用以下贝叶斯规则计算 $P(U \mid E)$ 的数值。

考虑到变量之间的条件依赖关系，贝叶斯网络表示为一组变量 $U = \{X_1, \cdots X_n\}$ 的联合概率分布。

$$P(U) = \prod_{i}^{n} P(X_i \mid P_a(X_i)) \qquad (4.12)$$

紧接着，X_i 的概率计算如下：

$$P(X_i) = \sum_{UX_i} P(U) \qquad (4.13)$$

贝叶斯网络利用贝叶斯定理在给定新信息的情况下进行信念更新，使用公式（4.14）确定后验概率。新信息称为证据 E。该证据通常以事件、事件后果观察等形式出现在流程的生命周期中。

$$P(U \mid E) = \frac{P(U, E)}{P(E)} = \frac{P(U, E)}{\sum_{U} P(U, E)} \qquad (4.14)$$

步骤5：确定每个关键指标的重要性程度（K），并对指标进行排序。

使用下列公式确定每个关键指标的重要度（K）。其中，在"开放式多级供应链"结构中，$\beta = 0$，$\gamma = 1$；在"封闭式多级供应链"结构中，$\beta = 1$，$\gamma = 0$；在"过渡式多级供应链"结构中，$0 < \beta < 0$，$0 < \gamma < 1$。

$$K = \beta q + \gamma p \qquad (4.15)$$

公式（4.15）中 β 和 γ 分别表示核心企业选择"封闭式多级供应链"和"开放式多级供应链"的程度；q 和 p 分别表示两种结构中父节点的后验概率。

第三节　案例应用及结果分析

一、案例背景

本书选择了中国企业"W公司"作为研究对象。W公司（核心企业）是一家主要从事工业机器人自动化设备制造的公司，其业务范围遍布海内外，在机器人制造领域占有较大的市场份额。W公司拥有众多国家级企业技术中心，被认定为工信部技术创新示范企业，研发能力强。W公司在日常运营中非常重视多层级的可持续供应链管理，尤其是供应商的选择管理。供应商在人文关怀、环境、安全和合法合规等方面的实践影响着企业在选择过程中的决策。W公司严格调查次级供应商，确保它们没有进行不可持续的实践活动。综合来看，W 公司的特点符合本研究的需要。

在调研的过程中，W 公司的总经理对研究表现出了浓厚的兴趣，并向公司的各部门主要负责人详细介绍了本次研究的背景和意义。最终根据研究需要，我们挑选了十位工作范围已涉及或可能潜在涉及供应商选择、可持续发展与供应链管理的具有丰富经验的经理来完成我们的专家问卷调查。本书所挑选的经理都有十年以上的工作经验。根据 Bai 等学者的观点，组建一个十人的决策团队足以提供可靠的结果，特别是针对单个案例公司来说（Bai et al.，2019a）。此外，现有研究中涉及 SWARA 法和贝叶斯网络方法的研究，专家数量往往不到十人（Wen et al.，2019；Büyüközkan, Kayakutlu and Karakadılar，2015；Li，Wang and Shan，2019；Perçin，2019）。因此，本书选择十位专家是合理的，能够提供可靠的结果。表 4.5 显示了专家的人口统计信息。

表 4.5　专家的人口统计信息

序号	职位	工作经验（年）	工作内容
1	供应链部门经理	12	规划供应链管理
2	采购部门经理	14	制订采购计划
3	采购部门副经理	10	供应商管理
4	财务部门经理	8	财务预算
5	销售部门经理	10	制订销售计划
6	信息技术部门经理	9	信息系统管理
7	生产部门经理	11	制订生产计划
8	总经理	15	业务计划制订和部门管理
9	物流部门经理	10	物流运输管理
10	质量部门经理	14	质量绩效管理

二、数据处理与分析过程

在该小节中，我们使用在表 4.1 部分所构建的多级供应链管理下的可持续供应商选择评价模型，分析来自"开放式多级供应链""过渡式多级供应链"和"封闭式多级供应链"三种多级供应链结构下的可持续供应商选择的决策指南框架。

（一）应用模糊 SWARA 法筛选关键的可持续供应商选择指标

（1）根据模糊 SWARA 法过程的第一个的操作步骤，我们首先邀请了十位专家根据其工作经验和工作见解确定各个可持续供应商选择指标的重要性。最终，我们获得了有关指标的重要性排序（按照降序排列）。例如，可持续供应商选择指标在"开放式多级供应链"结构（S_1）的经济维度（EC_1）中的具体重要性排序结果是 $C_6 > C_2 > C_4 > C_1 > C_5 > C_3$。

（2）我们收集了每位专家依据表 4.3 所提供的语义表示而给出的可持续供应商选择指标相对重要性情况，并将这些语义表示数据转化为相应的三角模糊数。表 4.6 以专家 1 的评估数据为例，展示了专家的相对重要性评估结果和依据语义量表转化的三角模糊数信息。

表 4.6 指标相对重要性评价与对应的三角模糊数

指标	相对重要性	三角模糊数
C_6	—	—
C_2	LI	(0.4, 0.5, 0.667)
C_4	EI	(1, 1, 1)
C_1	ML	(0.667, 1, 1.5)
C_5	LI	(0.4, 0.5, 0.667)
C_3	LI	(0.4, 0.5, 0.667)

（3）我们使用公式（4.6）~（4.8）计算了每个可持续供应商选择指标的相对模糊权重。在这个过程中，我们依次计算了指标的合计平均值（$\tilde{s}_j$）、系数值（$\tilde{k}_j$）、重新计算的模糊权重（$\tilde{q}_j$），以获得模糊相对权重（$\tilde{w}_j$）。表 4.7 展示了在"开放式多级供应链"结构（S_1）中经济维度（EC_1）的可持续供应商选择指标相关数据。类似地，其他指标也进行了相同的计算，并获得

了相应的数值。

表 4.7 "开放式多级供应链"结构中经济维度指标的最终模糊权重

指标	$\tilde{s}_j$	$\tilde{k}_j$	$\tilde{q}_j$	$\tilde{w}_j$
C_6	—	(1.000, 1.000, 1.000)	(1.000, 1.000, 1.000)	(0.418, 0.481, 0.555)
C_2	(0.578, 0.833, 1.222)	(1.578, 1.833, 2.222)	(0.450, 0.545, 0.634)	(0.188, 0.262, 0.352)
C_4	(0.889, 1.000, 1.167)	(1.889, 2.000, 2.167)	(0.208, 0.273, 0.335)	(0.087, 0.131, 0.186)
C_1	(0.667, 1.000, 1.500)	(1.667, 2.000, 2.500)	(0.083, 0.136, 0.201)	(0.035, 0.066, 0.112)
C_5	(0.489, 0.667, 0.854)	(1.489, 1.667, 1.854)	(0.043, 0.082, 0.135)	(0.018, 0.039, 0.075)
C_3	(0.578, 0.833, 1.222)	(1.578, 1.833, 2.222)	(0.019, 0.045, 0.086)	(0.008, 0.021, 0.048)

（4）使用公式（4.10）计算每个可持续供应商选择指标的去模糊化的标准权重值，相关数值结果如表 4.8 所示。

表 4.8 指标去模糊化的标准权重值

指标	C_1	C_2	C_3	C_4	C_5	C_6	C_7	C_8	C_9	C_{10}	C_{11}	C_{12}
权重	0.071	0.267	0.026	0.135	0.044	0.484	0.023	0.260	0.133	0.509	0.067	0.039
指标	C_{13}	C_{14}	C_{15}	C_{16}	C_{17}	C_{18}	C_{19}	C_{20}	C_{21}	C_{22}	C_{23}	C_{24}
权重	0.273	0.138	0.072	0.043	0.496	0.499	0.140	0.251	0.071	0.021	0.040	0.505
指标	C_{25}	C_{26}	C_{27}	C_{28}	C_{29}	C_{30}	C_{31}	C_{32}	C_{33}	C_{34}	C_{35}	—
权重	0.066	0.254	0.129	0.043	0.025	0.037	0.509	0.022	0.256	0.066	0.130	—

（5）在指标体系研究中，往往存在这样的现象，即指标数量太多会增加数据采集和处理的复杂性，而指标数量太少又不足以反映问题，给出更科学合理的建议。为确保本书中可持续供应商选择指标的数量适宜，根据专家决策组的分析与讨论，本书确定了关键指标的筛选阈值 $\alpha = 0.100$。因此，去模糊化后的标准权重数值超过 0.100 的指标被整合到了本研究的关键选择指标体系当中。具体而言，我们最终确定了如下指标：C_2，C_4，C_6，C_8，C_9，C_{10}，C_{13}，C_{14}，C_{17}，C_{18}，C_{19}，C_{20}，C_{24}，C_{26}，C_{27}，C_{31}，C_{33} 和 C_{35}，这些指标将作

为可持续供应商选择的关键指标，并得到进一步的分析与研究。为便于研究处理过程的理解和应用，我们对上述关键的可持续供应商选择指标进行了重新定义，即将上述指标定义为 $F_j(j = 1，2\cdots，18)$。表4.9 显示了在多级供应链管理的两个结构中经过筛选重新定义的可持续供应商选择核心指标体系。

表 4.9 关键的可持续供应商选择指标

结构	维度	指标
开放式多级供应链（S_1）	经济（EC_1）	一级供应商与次级供应商之间联合决策（F_1）
		一级供应商对次级供应商实施经济评估（F_2）
		一级供应商对次级供应商直接投资（F_3）
	环境（EN_1）	一级供应商帮助次级供应商提升环境管理能力（F_4）
		一级供应商对次级供应商的环境指标要求（F_5）
		一级供应商与次级供应商签订环保方面合同（F_6）
	社会（SO_1）	一级供应商对次级供应商道德行为的要求（F_7）
		一级供应商对次级供应商实施道德评估（F_8）
		一级供应商要求次级供应商签署法律协议（F_9）
封闭式多级供应链（S_2）	经济（EC_2）	次级供应商的交付成本（F_{10}）
		次级供应商的交货周期（F_{11}）
		次级供应商的交付质量（F_{12}）
	环境（EN_2）	次级供应商的污染防治（F_{13}）
		次级供应商的资源消耗（F_{14}）
		次级供应商的环境能力（F_{15}）
	社会（SO_2）	次级供应商的健康和安全管理（F_{16}）
		次级供应商雇员的人权（F_{17}）
		次级供应商的信息披露（F_{18}）

（二）应用模糊贝叶斯网络法判断不同多级供应链结构中每个关键可持续供应商选择指标的重要性程度

（1）根据表 4.9 展示的关键可持续供应商选择指标体系构建可持续的多级供应链环境下的供应商选择贝叶斯网络模型。

（2）邀请十位专家根据其理论和实践经验对不同的关键可持续供应商选择指标影响多级供应链可持续管理水平的程度，以及各个指标在其所属的多级供应链管理结构下对于经济、环境和社会的重要性进行评估，并根据表 4.4 将收集的专家语义表示结果转化为对应的三角模糊数数值，最终获得模糊先验概率和模糊条件概率。专家 1 在节点状态"Yes"（F_j）和"No"（$\overline{F_j}$）下的模糊先验概率评估结果如表 4.10 所示。由于模糊条件概率评估和模糊条件概率的计算过程相同，此处不再独立展示。

表 4.10　专家 1 的模糊先验概率评估

F_1	F_2	F_3	F_4	……	F_{15}	F_{16}	F_{17}	F_{18}
HI	VH	L	L		I	I	HI	VH
(0.5, 0.7, 0.8)	(0.7, 0.8, 1.0)	(0.1, 0.3, 0.5)	(0.1, 0.3, 0.5)	……	(0.3, 0.5, 0.7)	(0.3, 0.5, 0.7)	(0.5, 0.7, 0.8)	(0.7, 0.8, 1.0)
$\overline{F_1}$	$\overline{F_2}$	$\overline{F_3}$	$\overline{F_4}$		$\overline{F_{15}}$	$\overline{F_{16}}$	$\overline{F_{17}}$	$\overline{F_{18}}$
L	VLI	HI	HI		I	I	L	VLI
(0.1, 0.3, 0.5)	(0.0, 0.1, 0.3)	(0.5, 0.7, 0.8)	(0.5, 0.7, 0.8)	……	(0.3, 0.5, 0.7)	(0.3, 0.5, 0.7)	(0.1, 0.3, 0.5)	(0.0, 0.1, 0.3)

（3）利用公式（4.11）计算去模糊化的先验概率和条件概率。表 4.11 显示了父节点在状态"Yes"（F_j）和"No"（$\overline{F_j}$）下的先验概率。同理，模糊条件概率的确定计算过程与先验概率的计算过程相同，不再单独展示。

表 4.11　去模糊化的父节点先验概率

F_1	F_2	F_3	F_4	F_5	F_6	F_7	F_8	F_9	F_{10}	F_{11}	F_{12}	F_{13}	F_{14}	F_{15}	F_{16}	F_{17}	F_{18}
0.60	0.65	0.58	0.54	0.64	0.66	0.50	0.50	0.66	0.56	0.62	0.70	0.56	0.52	0.58	0.58	0.54	0.60
$\overline{F_1}$	$\overline{F_2}$	$\overline{F_3}$	$\overline{F_4}$	$\overline{F_5}$	$\overline{F_6}$	$\overline{F_7}$	$\overline{F_8}$	$\overline{F_9}$	$\overline{F_{10}}$	$\overline{F_{11}}$	$\overline{F_{12}}$	$\overline{F_{13}}$	$\overline{F_{14}}$	$\overline{F_{15}}$	$\overline{F_{16}}$	$\overline{F_{17}}$	$\overline{F_{18}}$
0.40	0.35	0.42	0.46	0.36	0.34	0.50	0.50	0.34	0.44	0.38	0.30	0.44	0.48	0.42	0.42	0.46	0.40

（4）对于利用公式（4.12）～（4.14）获取数据的过程，本书为提高研究过程的便捷性和研究结果的可视性，选择采用了 Netica 软件（一款经常被用来处理贝叶斯网络的软件工具）来获取后验概率。图 4.3～图 4.5 显示了多级供应链环境中不同管理结构下的节点后验概率。图 4.3 显示了节点 S_1 发生时的相关节点后验概率，此时核心企业采用"开放式多级供应链"结构的管理模式。图 4.4 显示了节点 S_2 发生时的相关节点后验概率，此时核心企业采用"封闭式多级供应链"结构的管理模式。图 4.5 显示了节点 S_1 和 S_2 同时发生时的相关节点后验概率，此时核心企业采用"过渡式多级供应链"结构的管理模式。

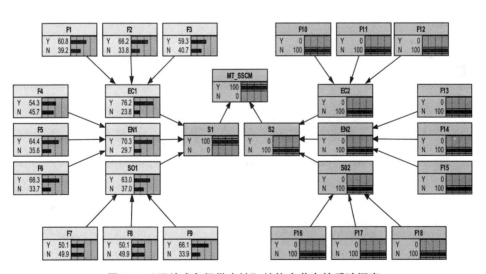

图 4.3　"开放式多级供应链"结构中节点的后验概率

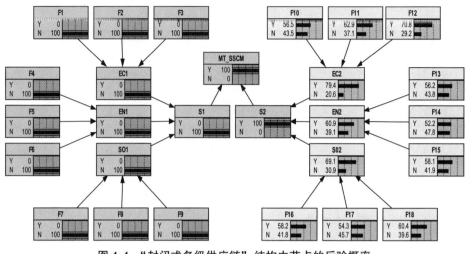

图4.4 "封闭式多级供应链"结构中节点的后验概率

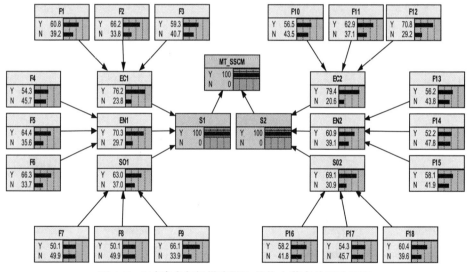

图4.5 "过渡式多级供应链"结构中节点的后验概率

（5）根据公式（4.15）计算多级供应链环境中不同结构下父节点的 K 值。其中，当我们获得了系数 $\beta=0$，$\gamma=1$ 时，"开放式多级供应链"结构中每个指标的 K 值，如图4.6所示；此外，当系数 $\beta=1$，$\gamma=0$ 时，"封闭式多级供应链"结构中每个指标的 K 值，如图4.7所示。我们可以发现可持续供应商选择指标在"开放式多级供应链"结构中的重要性排名为 $F_6>F_2>F_9>F_5>F_1>F_3>F_4>F_7=F_8$；而可持续供应商选择指标在"封闭式多级供应链"

结构中的重要性排名为 $F_{12} > F_{11} > F_{18} > F_{16} > F_{15} > F_{10} > F_{13} > F_{17} > F_{14}$ 。

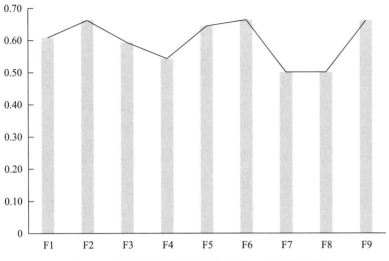

图 4.6 "开放式多级供应链"结构中父节点的值

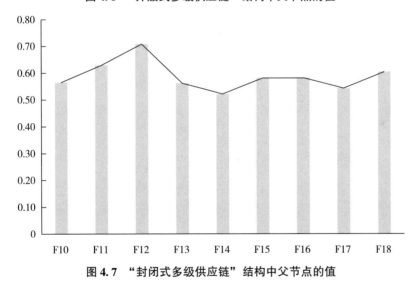

图 4.7 "封闭式多级供应链"结构中父节点的值

当系数处于 $0 < \beta < 1$，$0 < \gamma < 1$ 时，"过渡式多级供应链"结构中每个可持续供应商选择指标的 K 值据此获得。β 和 γ 的具体值依据核心企业对不同多级供应链结构管理模式的重视程度设定。在本书中，W 公司非常重视供应商的可持续管理。它曾经间接管理其次级供应商，这意味着它曾采用"开放式多级供应链"结构的管理模式，这时系数为 $\beta = 0$，$\gamma = 1$。目前，W 公司采

用直接管理和间接管理两种方式来管理其次级供应商，且在这两种管理方式中W公司更加注重间接管理。W公司总经理指出根据目前情况应将系数定为 $\beta = 0.45$，$\gamma = 0.55$。在此基础上，我们和总经理讨论了企业的未来战略方向，总经理明确表示未来企业将逐步加大对次级供应商的直接监管力度。鉴于此，W公司总经理提出设置系数 $\beta = \gamma = 0.5$。结合W公司的实际经营情况和未来规划，经专家小组的研究讨论肯定了W公司总经理提议的两个系数值，专家组均认为在模型中应用这两个系数值能为企业决策提供有效支持，真实反映企业需求。图4.8显示了"过渡式多级供应链"结构中每个指标的 K 值。其中，虚线代表系数 $\beta = 0.45$，$\gamma = 0.55$ 时的情况，实线代表系数 $\beta = \gamma = 0.5$ 时的情况。

从图4.8中我们可以看到，当系数为 $\beta = 0.45$，$\gamma = 0.55$ 时，可持续供应商选择指标的重要性排名为 $F_6 > F_2 > F_9 > F_5 > F_1 > F_3 > F_{12} > F_4 > F_{11} > F_7 = F_8 > F_{18} > F_{16} > F_{15} > F_{10} > F_{13} > F_{17} > F_{14}$；当系数为 $\beta = \gamma = 0.5$ 时，可持续供应商选择指标的重要性排名为 $F_{12} > F_6 > F_2 > F_9 > F_5 > F_{11} > F_1 > F_{18} > F_3 > F_{16} > F_{15} > F_{10} > F_{13} > F_4 = F_{17} > F_{14} > F_7 = F_8$。通过对上述结果的比较不难发现，在"过渡式多级供应链"结构中，可持续供应商选择指标的重要性随着系数的变化而变化。

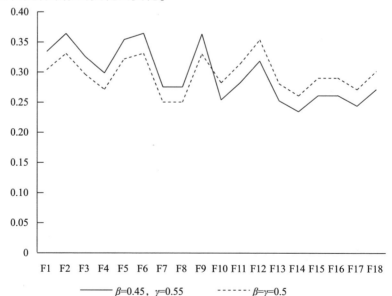

图4.8 "过渡式多级供应链"结构中父节点的值

三、结果分析

本书的研究结果显示了在多级供应链环境中应用不同的多级供应链结构的可持续供应商选择指标在重要性程度的排名。根据结果可以发现，不同结构下的可持续供应商选择指标重要性情况不一，因此分类进行讨论。

首先，在"开放式多级供应链"结构中，一级供应商与次级供应商签订环保方面合同（F_6）、一级供应商对次级供应商实施经济评估（F_2）和一级供应商要求次级供应商签署法律协议（F_9）是三个最重要的指标。目前鲜有研究讨论可持续供应商选择在"开放式多级供应链"结构中如何决策，我们的模型结果显示在"开放式多级供应链"结构下的可持续供应商选择过程中，核心企业需同时考虑一级供应商对次级供应商经济、环境和社会维度的管理，特别是环境合同、经济评估和关于生产的法律协议方面的管理。该结论从理论层面分析具有可靠性，具体来说：其一，上述结论显示了核心企业在间接管理次级供应商时，通过一级供应商把控次级供应商的三个可持续属性至关重要。虽然现有研究大多强调经济属性相关指标和环境属性相关指标，但根据可持续发展的内在要求，即企业要统筹协调经济、环境和社会共同发展可知（彭灿等，2020），可持续三个维度的指标均表现出重要作用合乎情理。其二，根据结论不难发现签订环境合同和合法合规生产协议两个指标都是通过订立正式协议的形式来对次级供应商形成约束。Mann 等人指出在供应链中订立正式协议可以促使双方达成共识，是后续合作活动的保障，能够形成强大管制效果（Mann et al.，2011）。一级供应商通过与次级供应商订立正式协议，能形成有效规范和制约。核心企业在间接管理过程中，通过一级供应商发挥中介作用，正式协议极为重要。其三，一级供应商对次级供应商实施经济评估可以使核心企业对次级供应商运营的整体经济情况进行宏观掌握。在间接管理的环境中，由于不直接与次级供应商有深度的交易联系，缺乏足够的数据分析依据，通过经济评估能快速而全面地了解次级供应商的经济情况，了解供应商的综合运营管理水平和质量，因此该指标的重要性不言而喻。

其次，在"封闭式多级供应链"结构中，次级供应商的交付质量（F_{12}）、次级供应商的交货周期（F_{11}）和次级供应商的信息披露（F_{18}）排前三名。现有的可持续供应商选择的有关研究基本都集中在二元关系上，在该关系维度上讨论供应商和采购公司直接合作的问题。从关系主体性的距离和联系来说，现有二元关系的有关研究所依据的环境、背景和条件等其实与"封闭式多级供应链"结构中的环境、背景和条件等存在极大的相似性。在二元关系中，采购公司直接关注供应商自身的可持续水平，探讨范围仅限于由采购公司和供应商两者直接联系所产生的问题。与之对应的，在"封闭式多级供应链"结构中核心企业也直接考虑次级供应商的可持续能力，两者之间直接建立联系。因此，本书在该结构下的有关结论或许与现有二元关系的相关研究结论相似。具体来说，本书研究发现在"封闭式多级供应链"结构中，核心企业注重经济维度的供应商选择指标，尤其是交付质量和交货周期两大指标。而国外学者基于二元关系进行的可持续供应商选择研究结论与本研究结论相似（Fallahpour et al.，2017；Rahman et al.，2022）。经过研究我们认为这可能是因为当次级供应商直接由核心企业管理，两者之间的往来使核心企业容易发现次级供应商生产过程中存在的一些不可持续行为，此时次级供应商的环境实践和社会实践更加谨慎，因此核心企业将有更加充足的资源、精力和时间关注次级供应商的经济属性。毕竟，经济属性是核心企业开展业务的基础，对核心企业发展具有重要意义（Menon and Ravi，2022）。此外，利益相关者压力要求企业进行信息披露，特别是对外披露企业社会责任信息。各个证券交易所近几年的报告数量和报告质量可以充分证实这一点。信息披露已经成为企业竞相实施的对外树立可持续形象，建立可持续信任的手段。国内学者赵新华和王兆君指出高质量的社会责任报告，能够帮助企业传递可持续发展的信号，收获来自资本、市场等方面的更多回应（赵新华、王兆君，2019）。因此，次级供应商的信息披露格外受到重视也就理所应当了。

此外，本书的研究结果显示了"过渡式多级供应链"结构中不同系数的指标重要性情况。迄今为止，尚未有研究探索"过渡式多级供应链"结构中的可持续供应商选择。因此，我们在这项研究中有了一项新发现，即当核心企业对采用"开放式和封闭式多级供应链"结构的倾向性水平发生变化时，最重要的可持续供应商选择指标就会发生变化。具体来说，当系数 $\beta = 0.45$，$\gamma = 0.55$ 时，重要性排名前三的指标是一级供应商与次级供应商签订环保方面合同（F_6）、一级供应商对次级供应商实施经济评估（F_2）和一级供应商要求次级供应商签署法律协议（F_9）。当系数 $\beta = \gamma = 0.5$ 时，次级供应商的交付质量（F_{12}）、一级供应商与次级供应商签订环保方面合同（F_6）和一级供应商对次级供应商实施经济评估（F_2）三个指标的重要性排名靠前。显然，当核心企业更加注重对次级供应商的直接管理（"封闭式多级供应链"结构）时，次级供应商的交付质量（F_{12}）变得更加重要。从现实意义来看，这一结论符合企业实际情境和管理者运营逻辑。综上所述，"过渡式多级供应链"结构中的可持续供应商选择决策应随着核心企业对次级供应商直接或间接管理模式倾向性水平的变化而灵活调整。虽然现有理论成果没有对这一结论提供支持，但是学者们关于运营管理决策方面的研究充分证明了企业需要根据其所处的环境、资源和条件等因素趋利避害，做出最恰当的决策（张光明、徐飞，2015），这个道理侧面印证了上述结论。

本章小结

可持续性水平是核心企业竞争力的重要来源，扩展可持续发展战略的管理边界，在多级供应链环境中实施可持续计划是深刻践行企业可持续发展目标的重要布局。可持续供应商选择作为关键的可持续供应链管理实践在多级供应链环境中应该得到重视。这就要求核心企业在选择可持续供应商的过程中应该优先关注哪些指标。但是多级供应链环境的结构多样性，意味着这项工作必然具有复杂性。本书探索了多级供应链环境下可持续供应商的选择，涵盖了三种多级供应链结构，即"开放式多级供应链"结构、"封闭式多级供应链"结构和"过渡式多级供应链"结构。尽管现有研究已经为可持续供应商选择开发了许多方法，但这些方法都有一定的局限性。重要的是，这些方法大多不适用于多级供应链环境中的不同多级供应链结构类型下的复杂环境分类决策。因此，本书利用由三角模糊数、SWARA 和贝叶斯网络组成了混合模型来研究多级供应链环境中的可持续供应商选择问题。这个模型具有直接整合语义变量、对三个不同的多级供应链结构中有关指标结果进行分类排序和考虑群体决策环境等优点。三角模糊数的引入在一定程度上消除了可持续供应商选择过程中专家主观评估的不确定性，它被用于 SWARA 和贝叶斯网络的处理过程以获得更可靠的结果。SWARA 的目的是确定关键的可持续供应商选择指标，以提高最终决策结果的有效性并降低贝叶斯网络方法的复杂性。此外，贝叶斯网络被用于确定关键的可持续供应商选择指标在不同多级供应链结构中的重要性排名。该方法利用贝叶斯网络的优势，降低了决策环境的不确定性，提高了决策结果的可靠性和未来的可调整性。在此基础上，通过在 W 公司调研，我们分析了核心企业如何做出可持续供应商选择决策，得到了不同多级供应链结构下可持续供应商选择指标的重要性排名。

根据本书研究得出结论。首先，在"开放式多级供应链"结构中，排名前三位的指标分别是一级供应商与次级供应商签订环保方面合同（F_6）、一级供应商对次级供应商实施经济评估（F_2）和一级供应商要求次级供应商签署法律协议（F_9），在该结构中这些指标对可持续发展的影响程度最高。其次，在"封闭式多级供应链"结构中，最重要的三个指标依次是次级供应商的交付质量（F_{12}）、次级供应商的交货周期（F_{11}）和次级供应商的信息披露（F_{18}）。该结果与二元关系中可持续供应商选择的有关决策和当下企业竞争环境要求匹配。最后，在"过渡式多级供应链"结构中，当系数 $\beta = 0.45$，$\gamma = 0.55$ 时，一级供应商与次级供应商签订环保方面合同（F_6）、一级供应商对次级供应商实施经济评估（F_2）和一级供应商要求次级供应商签署法律协议（F_9）三个指标位于前三；而当系数 $\beta = \gamma = 0.5$ 时，次级供应商的交付质量（F_{12}）、一级供应商与次级供应商签订环保方面合同（F_6）和一级供应商对次级供应商实施经济评估（F_2）三个指标位于前三。不同决策环境下指标对可持续发展水平表现出的不同影响，说明了在多级供应链管理中灵活决策的重要性和必要性，而这种灵活运营管理的要求恰好与现代供应链管理领域倡导的弹性发展需求相匹配，研究结果符合企业实际。

第五章 供应链学习对供应链弹性的影响研究

　　截至目前，在已有文献对影响供应链弹性的因素所进行的研究中发现，能见度、吸收能力、供应链风险能力、破坏方向和动态能力等作为供应链弹性的影响因素能够对供应链弹性产生影响（Juneho and Han，2021；Scholten，Scott and Fynes，2019；Golgeci and Kuivalainen，2020；Yang et al.，2020；Yu et al.，2019）。但是正由于目前处于一个变化迅速的时代，供应链企业需要提高自己的竞争能力与生存能力以应对复杂情况，对于供应链弹性的研究需要从企业的角度考虑，利用已有的资源、信息以及知识优势去帮助供应链提高应对中断的能力，提升供应链弹性。供应链也需要根据外部环境的变化不断对供应链运营进行知识性调整，如何保证供应链企业持续进行知识更新、维持竞争优势、培养新能力至关重要。学习是一种培养能力和保持竞争力的有效方式（Bessant，Kaplinsky and Lamming，2003；赵昌平、徐晓江、龚宇，2020）。通过供应链学习，企业能够实现知识的获取、理解、利用、传播以及存储，并且能够获得新的知识，为企业或组织带来潜在的竞争优势（Mohr and Sengupta，2002）。由此，通过研究供应链学习进而帮助供应链提高供应链弹性则显得格外必要。已有的对供应链弹性的研究已经证明了学习对于供应链弹性的作用，如通过深度学习能够帮助 OEM（原始设备制造商）供应链提高弹性（孔繁辉、李健，2018）；供应链学习的具体维度即供应商学习和顾客学习能够增强供应链弹性（Mubarik et al.，2022）。然而，目前关于供应链学习如何影响供应链弹性，把供应链学习作为整体变量去探究其影响作用的研究很少，这不利于通过供应链学习对弹性供应链的进一步理解，需要进行理论上的补充，从而帮助供应链实践者做出更有针对性的决策。由此，本书试图检验并揭示供应链学习对供应链弹性的影响机制，并根据研究结论给企业提供切实可行的建议。在本书中，供应链学习被定义为核心企业与其关键供应链合作伙伴进行战略合作，为客户提供最大价值的过程（Zhu，Krikke and Caniëls，2018）；供应链弹性是指供应链通过保持理想运营状态控制自身的结构和功能以应对意外事件以及中断情况的适应能力，是使供应链恢复到原有状态甚至更好状态的能力（Yu et al.，2019）。

知识基础观理论指出知识能够作为企业的核心资源为企业带来竞争上的优势，帮助企业实现价值。知识转换与创造能够对企业产生深刻的影响（周长辉、曹英慧，2011）。因此，供应链中的企业有必要持续获得新知识并且对已有知识加以利用。知识基础观理论认为组织对知识的获取和使用在绩效改进中具有十分关键的作用（Brown and Duguid，1991；Nonaka，1994；Morgan et al.，2010），已有研究认为知识是企业能力提升、发展产品和服务的保证，能够帮助企业获得竞争优势（李柏洲、曾经纬，2021）。拥有更多知识的企业在面对供应链中断风险时往往具有更多经验，进而能做出更好的应对，这样的企业也更容易结合已有的知识产生新的经验。另外，当一家企业能够与其他供应链企业合作进行知识的生成、分享和使用时，供应链各个成员之间就能够进行更加良好的沟通，进而使供应链更具有弹性（Umar，Wilson and Heyl，2021）。由以上分析可知，知识基础观理论能够对提高供应链弹性问题提供合理解释。因此，本书的第一个目标是通过知识基础观（KBV）的内涵阐述供应链学习对供应链弹性的影响。

此外，对供应链学习所获得的知识进行有效的开发与利用也十分关键。结合知识基础观，供应链探索（SCER）和供应链开发（SCEI）所需要的知识能力有所不同。供应链探索倾向于追求新的知识或新的技术，而供应链开发则关注对现有知识的进一步利用、扩展、细化以及对已有技术的改进（Bessant，Kaplinsky and Lamming，2003；Kristal，Huang and Roth，2010）。供应链学习是获得知识的一种手段，并且能对组织战略产生影响（Bessant, Kaplinsky and Lamming, 2003），相关研究认为供应链探索和供应链开发组成了供应链双元性战略（Kristal, Huang and Roth, 2010）。在已有知识积累的情况下所获取的知识可以作为资源帮助企业进行新的探索，并且可以对已有流程和技术进行深度开发。另外，开发与探索能够帮助供应链组织提高自身的复原能力以及社会生态弹性，进而提高组织的适应能力（Vega, Arvidsson and Saïah, 2023；贾慧英、王宗军、曹祖毅，2019）。由此，我们认为供应链学习能够促进供应链探索以及供应链开发，而供应链探索和供应链开发则可以帮助企业应对新的环境，增强其所处供应链的弹性。通过全面的文献回顾发现，关于供应链探索和供应链开发的研究主要集中在组织层面（March, 1991），通过有效的供应链学习促进供应链开发和探索，进而影响供应链弹性的研究仍有待完善。因此，本书的第二个目标是充分考虑供应链探索与供应链开发的区别，探究供应链探索与供应链开发是否在供应链学习影响供应链弹性的关系中起到中介作用。另外，由于供应链探索和供应链开发有着密切的联系，通过供应链探索获得的知识也可以促进供应链的开发实践活动（Ojha et al., 2018b）。本书的第三个目标是挖掘供应链学习、供应链探索、供应链开发以及供应链弹性之间的链式作用关系。

供应链敏捷性（SCA）是指企业处于复杂环境下为了保持竞争力进行组织优化而具有的一种能够与主要供应商和客户共同应对环境变化的能力（孙新波，李祎祯，张明超，2023；孙新波等，2019），是一种可以快速调整其战术和操作的能力，可以帮助供应链对意外与中断情况做出快速反应（Gligo and Holcomb, 2012a）。对变化的预期（感知变化及其影响）以及对变化的响应是衡量敏捷性的重要指标（Fayezi, Zutshi and O'Loughlin, 2015）。理论上供应链学习能够促进供应链的探索与开发，通过供应链探索企业可以进一步获得新的知识与信息，帮助企业识别新的市场需求进而对环境进行响应；而通过供应链开发企业可以获得新的知识，进行快速调整，开发已有技术获得技术增量，改进流程等，以满足顾客的动态需求，进而提高响应能力（Wang et al., 2023）。另外，敏捷性水平高的公司能够帮助企业感知环境威胁，并做出反应（Teece，2007；Cherian et al.，2023）。在关于供应链学习对供应链弹性的影响研究仍然不充分的情况下，有必要研究供应链敏捷性与供应链探索和供应链开发在供应链学习对供应链弹性的影响中发挥的作用。由此，本书的第四个目标是探讨供应链学习、供应链探索或供应链开发、供应链敏捷性、供应链弹性之间是否存在链式作用关系。

综上所述，本书以知识基础观为核心，以供应链学习为自变量，供应链探索、供应链开发、供应链敏捷性为中介变量，供应链弹性为因变量，结合问卷调查进行实证分析，探究供应链学习对于供应链弹性的具体影响机制。

第一节　研究假设与概念模型

一、直接效应假设

（一）供应链学习和供应链弹性

知识是一种极其重要的生产资源也是企业的一项战略性资源，是企业核心竞争力的源泉（Morgan et al.，2010；Jeffrey，Macher and Boerner，2012）。知识基础观强调企业用知识管理实践，并通过有效的知识管理如知识获取、吸收与利用来帮助供应链建立自己的知识库，如建立应急管理知识库存储意外事件、解决方案、关键因素等重要信息，在供应链中断情况下能够为企业提供借鉴，增强供应链的弹性（Cui，2017）。而供应链学习是供应链企业以及供应链合作伙伴之间获得知识的一种重要的途径（Grant，1996a）。通过供应链学习能够实现知识与信息在供应链成员之间的传递与共享，帮助供应链开展后续行动，特别是在供应链中断情况下采取行动，使供应链弹性达到较高水平（Sezer et al.，2023；Yu and Sheng，2021；Singh et al.，2022；Sahebi et al.，2022）。

另外，根据知识基础观，知识可以存在于供应链的不同环节并且可以进行知识转移和知识利用（Hohenstein et al.，2014；Bhamra，Dani and Burnard，

2011）。由此，从供应链上游的角度看，供应链学习有利于制造业企业从供应商处得到知识（李随成、高攀，2010）。企业可以从上游供应商处了解生产流程，掌握供应商的生产情况和知识信息，通过对关键数据如订货预测、运输安排、缺货情况等的分析，与供应链合作伙伴进行生产协作，并同步提高利用知识应对意外情况的能力，进而实现较高水平的供应链弹性（屈挺等，2014）；从客户角度看，企业的管理人员能够通过供应链学习加强与对方的合作和沟通，充分考虑客户需求，这样在供应链中断时，可以通过供应链学习及时进行沟通，实现知识转移，及时做出调整进而帮助供应链快速恢复到原有的状态（Allred et al.，2011）。从企业本身来看，通过供应链学习，企业可以获得关于上下游供应链的知识，而这些知识可以带来竞争优势，在供应链中断时，更有竞争力的企业往往比其他企业更快恢复，实现更高水平的供应链弹性（Yu et al.，2019；Grant，1997）。基于以上讨论提出假设。

H1：供应链学习对供应链弹性有正向影响。

（二）供应链学习和供应链探索、供应链开发

供应链探索和供应链开发形成了供应链双元性战略（Kristal，Huang and Roth，2010）。相比供应链开发，供应链探索的概念侧重于搜索、发现、创新等，注重使用与过去不同的流程、产品和服务的能力（March，1991；Yalcinkaya，Calantone and Griffith，2007）。基于知识基础观，企业对于本身已经拥有的资源、知识或经验会有一定程度的依赖，企业所拥有的知识资产会直接影响企业的实践（Jeffrey，Macher and Boerner，2012）。供应链学习是获得知识的一种途径，核心企业也可以通过供应链学习实现知识的获取、进行沟通交流和知识的转移，从而丰富自己的知识资产，帮助核心企业进行新的探索，如进行关于原材料的探索以及采用新的绿色物流等（Mohr and Spekman，1994；Günther，Kannegiesser and Autenrieb，2015；Zhu et al.，2008）。从这个角度看，供应链学习对供应链探索具有正向影响。

另外，由于知识基础观认为知识存在于组织的不同环节，关于供应链学习对供应链探索的影响作用还可以从供应链上下游的角度进行论证（Bhamra，

Dani and Burnard，2011）。首先，结合知识基础观，具有强大的供应链学习能力意味着供应商更容易从合作伙伴之间的交流中获得关于顾客的知识与信息，从而更加了解客户的需求，并在此基础上进行创新，例如，供应商可以寻找、学习和使用新的运输管理系统，按时提供材料并尽可能降低延迟成本（Hohenstein et al.，2014；Khan，Hussain and Cardenas-Barron，2017），获得可观的经济回报。核心企业也会渴望与供应商合作，并利用他们的客户服务知识和经验，探索快速解决消费者问题的新方法，从而提高了供应链探索能力（Sanders，2008）。其次，供应链下游企业的管理者也可以通过与核心企业合作获得有用的知识与信息，通过知识与信息加强企业内部的操作实践，提高企业的治理水平（Huo，Haq and Gu，2021）。而供应链下游企业也可以把信息与知识传递给核心企业，为他们提供建议（Jayaram，Xu and Nicolae，2011），帮助核心企业进行供应链的探索实践活动。基于以上讨论提出假设。

H2a： 供应链学习对供应链探索有正向影响。

相比而言，供应链开发则更侧重于选择、生产以及执行等，关注改进现有资源和流程的能力，被视为精炼和扩展现有资源的一种方法（Kristal，Huang and Roth，2010；March，1991）。基于知识基础观，企业依赖本身已有的资源、知识或经验并影响企业实践（Jeffrey，Macher and Boerner，2012）。供应链学习是获取知识资源的一种重要手段（Levitt and March，1998），供应链管理者与员工可以通过供应链学习获得有价值的知识提升自己的资源优势，而具有资源优势的企业往往更容易进行相关的实践与尝试，比如产品开发、提高产品复杂度等供应链开发活动，因而供应链学习能对供应链开发产生积极影响（Giannakis，2008；Giannoccaro，2015；Wang，Li and Chang，2016）。

另外，由于知识基础观认为知识存在于组织的不同环节中，在供应链领域，供应链学习对供应链开发的影响还可以从供应链不同环节的角度进行论证（Bhamra，Dani and Burnard，2011）。首先，从核心企业的角度，根据知识基础观，供应链学习为供应链合作伙伴之间提供了交流渠道，核心企业的管理者和员工可以通过供应链学习以及供应链间的沟通获得新经验（Giannakis，2008），进而结合已有的知识资源改进流程，提高企业的开发能力。其次，从供应链上游角度看，供应链学习意味着供应商能够更准确地理解客户的需求，在已有产品基础上定制及升级产品，体现更高水平的供应链开发（Zhao，Flynn and Roth，2006）。从供应链下游客户的角度看，客户企业的管理者可以通过与核心企业合作获得有用的信息来优化其操作实践（Battleson et al.，2016），而这些则属于知识基础观理论中的经验知识部分（Morgan et al.，2010）。客户企业的管理者能够向核心企业传达他们的需求和有价值的建议，并利用已有知识去增加功能或属性进而帮助核心企业改进现有产品，促进供应链开发能力提升，提高供应链开发水平（肖利平、刘点仪，2023；Brislin，1970；Chen，Lee and Tong，2007）。基于以上讨论，我们提出以下假设。

H2b：供应链学习对供应链开发有正向影响。

（三）供应链探索、供应链开发和供应链弹性

面对全球范围内突发事件越来越多的情况，企业及供应链面对风险的概率大大提高，也更容易意外中断。能进行更好的应对往往代表着更高水平的供应链弹性（Cui et al.，2022a；Yu et al.，2019）。根据知识基础观，通过对知识资产进行有效的开发和利用能够帮助企业应对中断情况（Scholten，Scott and Fynes，2019；Grant，1997）。从供应链探索和供应链开发的定义来看，供应链探索关注通过实验获取新的知识，而供应链开发则关注改进和扩展现有知识（Kristal，Huang and Roth，2010；Ojha et al.，2018b）。因此，当面对供应链中断情况时，以供应链探索和供应链开发为基础实现的知识开发利用能够帮助企业找到更好的应对方法，减轻中断带来的负面影响，快速从中断中恢复，从而提高供应链弹性（Scholten，Scott and Fynes，2019；Yu et al.，2019；Umar，Wilson and Heyl，2021）。

此外，知识基础观认为知识作为一种重要的战略资源能够帮助企业实现竞争优势（李柏洲、曾经纬，2021）。具有更好竞争能力的企业往往在面对中断时应对能力更强，例如，为了适应环境变化，线上购物模式逐渐兴起，从而体现更高水平的供应链弹性（March，1991；Levitt and March，1998；Aitken and Harrison，2013）。通过供应链探索可以实现新知识的获取，而通过

供应链开发能够实现知识的更新扩展，供应链探索和供应链开发能力较高的企业更有可能发现改善供应链的机会，提升自己的竞争能力，进而提高供应链弹性（Yu et al.，2019；March，1991）。另外，企业也可以利用供应链探索获得新知识或利用供应链开发整合现有知识，发挥知识的战略价值，在风险发生之前定期更新供应链的结构和功能，使供应链更有可能抵抗风险造成的中断，从而使供应链更具弹性（Yu et al.，2019；Kristal，Huang and Roth，2010；Brusset and Teller，2017）。因此，我们提出假设 H3a 和 H3b。

H3a：供应链探索对供应链弹性有正向影响。

H3b：供应链开发对供应链弹性有正向影响。

（四）供应链探索、供应链开发和供应链敏捷性

供应链探索关注探索、发现以及创新，通过供应链探索核心企业可以进行新知识的搜索发现、提高吸收新知识的能力并获得新的知识与实践经验实现知识扩充，进而将这些知识作为自己的竞争优势与资源（March，1991；Grant，1996a）。而供应链开发关注已有知识并对其进行改进，能够加深供应链企业对这些知识资源的了解，提高企业的竞争优势（March，1991；Grant，1996a；Im and Rai，2008）。已有研究表明，敏捷性取决于企业的知识获取能力和丰富程度（Sambamurthy，Bharadwaj and Grover，2003）。因此，结合知识基础观理论，从核心企业的角度来看，当面对市场风险时，拥有更多知识资源的企业能够更好地应对市场的风险，进而提高供应链敏捷性。通过供应链探索企业可以获得新的知识丰富自己的知识资源，通过供应链开发企业则可以实现知识更新，以更充足的知识储备提高对风险的响应速度进而表现为提高供应链的敏捷性。另外，知识探索和知识开发是知识管理中很重要的知识能力，供应链企业可以通过供应链探索和开发活动获得经验，并利用这些经验提高知识管理能力（Kristal，Huang and Roth，2010；Ogulin，Guzman and Nuwangi，2020）。根据知识基础观，知识管理能力有助于感知不断变化的市场（Aslam et al.，2018）。感知能力和响应能力是供应链敏捷性的重要组成部分，因而通过供应链探索和供应链开发可以提高供应链敏捷性（Tukamuhabwa et al.，2015）。

此外，结合知识基础观理论，供应链合作伙伴之间通过供应链探索可以发现新的机会并获得信息与知识，如资源和市场的需求信息。然后用获得的知识去创新，如改善产品性能或开发新的产品，满足新的市场需求，帮助企业适应快速变化的商业环境，从而提高供应链的响应速度和敏捷性（Singh and Hong，2020；Bui et al.，2020）。供应链开发是企业基于已有知识资源进行创新并且从中获得新经验。通过知识的持续更新，企业可以精简已有的运营流程（Kristal，Huang and Roth，2010）。精简后的供应链运营流程往往可以减少不必要的消耗、缩短产品的交货时间，从整体上缩短供应链做的响应时间，提高供应链的供应速度，进而提高供应链敏捷性（Wang et al.，2023）。当面对中断风险时，精简后的运营流程，往往更容易发现问题，并及时进行调整，有助于提高供应链的敏捷性（Wang et al.，2023）。因此，我们提出假设 H4a 和 H4b。

H4a：供应链探索对供应链敏捷性有正向影响。

H4b：供应链开发对供应链敏捷性有正向影响。

（五）供应链敏捷性和供应链弹性

供应链敏捷性使企业具有快速调整的能力，在面对中断时更加能够根据情况进行调整，也能够快速感知威胁与破坏（Wang et al.，2023；Parera，Soosay and Sandhu，2014）。根据知识基础观理论，在已经能够对供应链风险进行感知的情况下，充分利用知识这一种战略资源，供应链企业可以及时做出决策来面对中断风险，适应环境的变化。供应链会表现出更好的恢复能力，体现出更高水平的供应链弹性（Yu et al.，2019；Kath，Azadegan and Wanger，2015）。另外，因为具有更高水平的感知能力，供应链企业可以更好地利用知识对可能发生的中断情况进行预测。在中断情况发生时，由于企业已有充足准备，其供应链能够快速恢复，并表现出较高水平的供应链弹性（Yu et al.，2019）。高供应链敏捷性还意味着供应链更容易进行调整来适应环境。供应链合作伙伴之间通过信息共享，可以对变化的市场需求和趋势以及市场风险作出响应，利用已有的知识与经验进行更高水平的供应链协作，进而帮助供应链快速恢复，提高供应链的弹性（Wang et al.，2023；Mukherjee et al.，2023；Fosso，Queiroz and Trinchera，2020）。基于此，我们提出假设 H5。

H5：供应链敏捷性对供应链弹性有正向影响。

二、中介作用假设

由以上讨论可知，供应链学习能够发生在整个供应链中，涉及供应链的上游供应商、核心企业以及下游的客户。根据知识基础观，通过供应链学习，核心企业可以从供应链上下游获得宝贵的知识、经验和方法进而实现知识的更新和积累，丰富自身的知识储备（Scholten，Scott and Fynes，2019；Levitt and March，1998；陈伟、张旭梅，2009）。然后，核心企业可以利用这些知识进行供应链探索活动，如和供应商一同进行物流规划；进行供应链的开发实践活动，如与主要消费者沟通获取市场变化信息后，与供应商一起进行产品开发（Kadiyala，Zer and Bensoussan，2020；Cao，Gedajlovic and Zhang，2009；Rojo，Llorens-Montes and Perez-Arostegui，2016；Tao et al.，2022）。通过供应链探索获得的新知识以及供应链开发所实现的知识扩展能够为企业提供更多改善供应链的机会，进而提升供应链的竞争能力，使供应链在面对中断情况时能够尽快恢复到原有状态甚至达到更好的状态，具有更高的弹性（Kristal，Huang and Roth，2010；Lee and Rha，2016）。基于此，我们提出假设 H6a 和 H6b。

H6a：供应链探索在供应链学习和供应链弹性之间起正向中介作用。

H6b：供应链开发在供应链学习和供应链弹性之间起正向中介作用。

三、链式中介作用

（一）供应链探索和供应链开发的链式中介作用

根据知识基础观，企业对知识资产具有依赖性并影响企业的实践。供应链学习可以实现知识的获取（Jeffrey，Macher and Boerner，2012；Mohr and Spekman，1994），获得的知识可以作为供应链探索的理论基础，核心企业可以通过供应链学习丰富自己的知识资产从而可以更好地进行供应链探索尝试（Kristal，Huang and Roth，2010；Yang et al.，2021）。相关研究认为，探索可以帮助组织实现知识积累（Simsek et al.，2009）。根据知识基础观，知识本身可以在日常工作中以及在解决具体问题的过程中得到发展形成经验，并在未来的利用中实现价值创造（Hohenstein et al.，2014）。来自供应链探索的新知识和资源可以推动创新，产生变革性的新想法，这些想法能够被企业吸收和利用进而促进供应链的开发实践（Kristal，Huang and Roth，2010；Im and Rai，2008），同时对于已有的供应链开发起到积极作用，例如，供应商和核心企业通过外部渠道学习新的技术知识，并用于改进现有的供应链技术和操作流程，进而促进供应链开发（Kristal，Huang and Roth，2010；Kopyto et al.，2020；Mola et al.，2017）。与此同时，供应链探索实践可以作为供应链开发实践的先导环节（Ojha et al.，2018b）。通过供应链探索，企业可以获得更多的新知识、经验或技术，并利用这些知识、经验与技术进一步开发资源。知识可以在实践活动中起到指引作用，经验可以帮助企业在供应链开发活动中更好地进行决策（Ojha et al.，2018b）。供应链竞争力增强，更有能力应对外部环境变动的挑战，增强供应链的弹性。可见，在供应链学习对于供应链弹性的影响中供应链探索和供应链开发发挥着中介作用（Kristal，Huang and Roth，2010；Battleson et al.，2016）。基于此，我们提出假设 H7。

H7：供应链学习可以通过影响供应链探索进一步影响供应链开发，最终对供应链弹性起到链式中介作用。

（二）供应链探索或供应链开发和供应链敏捷性的链式中介作用

由上述讨论可知，通过供应链学习获得的知识可以作为供应链探索和供应链开发的理论基础。例如，有效的供应链学习为供应链带来了新的知识，一方面，促进新见解的产生，为供应链探索实践活动提供理论上的指引与新的思路方向，提升供应链探索的水平；另一方面，帮助精炼和扩展现有资源，促进供应链开发（Kristal，Huang and Roth，2010）。而供应链探索和供应链开发所获得的新的知识与见解又进一步帮助供应链提高对于风险中断等因素的感知能力，进而提高供应链敏捷性（March，1991；阮国祥，2021）。供应链敏捷性有利于企业感知风险和快速调整，帮助企业在面对中断情况时进行及时的调整，使供应链恢复到原有的状态甚至达到更好的状态，因而提高了供应链弹性（Yu et al.，2019；Teece，2007）。可见，无论是供应链探索还是供应链开发都能够与供应链敏捷性一起发挥中介作用参与到供应链学习对于供应链弹性的影响关系中。基于此，我们提出假设 H8a、H8b。

H8a：供应链学习通过影响供应链探索而影响供应链敏捷性，最终对供应链弹性具有链式中介作用。

H8b：供应链学习通过影响供应链开发而影响供应链敏捷性，最终对供应链弹性具有链式中介作用。

四、研究模型

综上所述，本书提出的理论模型如图 5.1 所示。

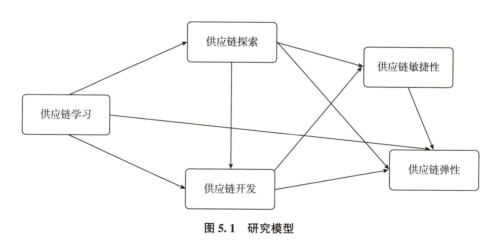

图 5.1　研究模型

第二节　研究设计

本节主要介绍了研究所提出的假设与确定过程、样本的选择、数据收集、预测试情况以及在所收集的数据的基础上进行的预测试数据信效度检验。

一、样本选择与数据收集

过去几年的突发事件，使世界范围内的制造业供应链都受到了严重的冲击，面临着供应链严重中断甚至是完全中断的危险。中国的供应链也同样经历了这样的风险，但很多的中国企业在面对意外中断时表现出了强劲的韧性（Wang et al., 2020b）。中国制造业是中国经济体系的重要组成部分，中国作为世界工厂也是世界上最大的制造业基地，在过去的十年中，中国也在不断进行加强供应链弹性的探索（Ma, Feng and Zhu, 2013; Lin et al., 2021）。对中国的制造业企业来说，迫切需要以理论上的知识作为支撑去引领制造业企业面对未来的风险并以此为基础对供应链进行重新建设（Cui et al., 2022a; Scholten, Scott and Fynes, 2019）。在这样的背景下，十分有必要对供应链进行理论上的研究，探究其具体的影响机制，为供应链的恢复与重建提供理论支持。因此，本书以中国的制造业企业为研究对象，并通过发放问卷、收集数据并进行分析等方式对提出的模型进行验证。

本书选用问卷调查法，对于所涉及的变量（供应链学习、供应链探索、供应链开发、供应链敏捷性、供应链弹性）进行测量，问卷维度题项均来源于已有的期刊文献，并经过验证且通过信效度检验。在引用英文量表时，首先，把题项翻译为中文，其次，把翻译整理好的中文题项重译为英文并与原来的英文量表题项进行比对，得到一致的结论后确定中文量表所采用的题项。在量表中，为了符合中文的语言环境，还要根据中文语言习惯进行细微调整，并将调整后的量表作为发放量表。整个过程在资深研究者的指导下进行。最后采用 Likert 7 点量表，并且要求被调查对象根据自己对所在企业的了解对题项进行打分。本书所采用的调查问卷包括以下三个部分。

（1）前言部分：是问卷的情况说明，涵盖了问卷的主要用途、对问卷的解释和数据保密承诺等。

（2）被调查者的基本信息部分：包括被调查者的年龄、职务、公司运营时间、被调研者就职时间、所在企业所有制形式、企业人数、年营业额、固定资产等。

（3）正式调研部分：为主要调查部分，包括研究中涉及变量的所有题项。

在调查对象方面，本书选择中国供应链企业中的中高层领导者，这是因为相比普通员工，中高层领导更了解企业的日常情况、战略选择以及应对中断的方式，有助于提高问卷质量。另外，在选择样本时，我们通过中国电信黄页来确定样本公司，包含了中国制造企业的名称与联系人信息等。研究团队与一家国家信息技术公司以电话和电子邮件的方式取得联系，在获得对方同意后正式发放问卷（Chen，Ye and Hu，2023；Jacobs，Yu and Chavez，2016）。

二、变量测量

（一）供应链学习的量表设计

供应链学习的量表题项参考了 Zhu 等人（Zhu，Krikke and Caniëls，2018）的研究，量表由五个题项组成。在关于供应链学习的调研中，被调查者需要表明企业在员工的态度、行为、工作过程以及供应商、客户和焦点公司之间的合作方面的学习情况。如表 5.1 所示。

表 5.1　供应链学习的量表题项描述

变量	题项
供应链学习（SCL）	SCL1：管理人员不断学习更好的方法与主要供应商进行合作以便更好地服务客户
	SCL2：主要供应商的管理人员学习更好的运营方式来为客户提供服务
	SCL3：客户企业中的管理人员学习更好的业务管理方法来与客户合作
	SCL4：当员工从主要供应链伙伴处获得新知识后可以适当地改变他们的行为和工作流程
	SCL5：当员工从主要供应链伙伴处获得新知识后可以改变他们对客户市场形势的态度

（二）供应链探索的量表设计

供应链探索的量表题项参考 Kristal 等人（Kristal，Huang and Roth，2010）

和 Ojha 等人（Ojha et al.，2018b）的研究。衡量量表共由四个题项组成。受访者需要提供公司及其经理寻求新的解决方案来改善供应链问题、寻找新的机会、新的解决方案和新的方法来改善供应链的情况，如表 5.2 所示。

表 5.2 供应链探索的量表题项描述

变量	题项
供应链探索（SCER）	SCER1：通过前瞻性搜索发现新的供应链方案
	SCER2：为了改善供应链，通过不断试验去发现方案
	SCER3：不断地探索未经发现的机会来改善供应链
	SCER4：不断地寻找新的方法来解决供应链问题

（三）供应链开发的量表设计

供应链开发的量表题项参考 Kristal 等人（Kristal，Huang and Roth，2010）和 Ojha 等人（Ojha et al.，2018b）的研究，由四个题项组成。受访者需要提供企业关于减少运营冗余、改进现有技术、供应链技术对公司战略的重要性以及发展更强的供应链能力的信息，如表 5.3 所示。

表 5.3 供应链开发的量表题项描述

变量	题项
供应链开发（SCEI）	SCEI1：为了保持竞争力，供应链经理专注于精简运营流程
	SCEI2：为了保持竞争力，供应链经理专注于改进现有技术
	SCEI3：管理人员专注于提升供应链竞争力
	SCEI4：当前的供应链技术对公司战略有重要作用

（四）供应链敏捷性的量表设计

供应链敏捷性的量表题项参考自 Agrawal（Nath and Agrawal，2020）和 Parera 等人（Parera，Soosay and Sandhu，2014）的研究。量表共由六个题项组成。具体题项需要受访者从市场和趋势响应及产品运营等角度对敏捷性进行衡量，如表 5.4 所示。

表 5.4 供应链敏捷性的量表题项描述

变量	题项
供应链敏捷性（SCA）	SCA1：不断缩短产品的交货时间
	SCA2：根据市场需求不断提高新产品的推出频率
	SCA3：根据市场需求不断提高产品的定制水平
	SCA4：不断提高对市场风险的响应速度
	SCA5：不断提高对变化的市场需求和趋势的响应能力
	SCA6：不断改善客户服务

（五）供应链弹性的量表设计

供应链弹性的量表题项参考 Yu 等人（Yu et al.，2019）的研究。供应链弹性的衡量量表共有六个题项。覆盖企业在中断中维持操作的能力、从中断中恢复并在中断后状态更好的情况、从中断中获得有用见解的能力以及尽早为中断做好准备的供应链能力等问题。供应链弹性的量表题项如表 5.5 所示。

表 5.5 供应链弹性的量表题项描述

变量	题项
供应链弹性（SCR）	SCR1：供应链能够通过快速恢复产品流程来应对意外的中断
	SCR2：供应链在财务方面为应对供应链中断做好了充分准备
	SCR3：供应链中断后能够迅速识别风险
	SCR4：供应链中断后能够尽快恢复原状
	SCR5：供应链中断后能够转换到一个新的更理想的状态
	SCR6：供应链能够从中断和意外事件中收获有用的知识

本书设置的控制变量包括所有制形式与企业规模。其中所有制形式可以分为国有企业、私营企业、中外合资和外资企业四种，并将数值以虚拟值的形式作为分类变量进行处理；企业规模用企业员工数、年营业额和固定资产数进行衡量。所有制形式会对企业产生影响，如影响企业做出差异化的决策，

不同决策会影响企业以及供应链的恢复水平、影响供应链弹性（Amoako-Gyampah et al.，2019；Liu et al.，2014）；另外，规模更大的企业往往具有更多的资源，面对中断时能够更快进行调整，体现出更高的供应链弹性（Hair，Ringle and Sarstedt，2011）。因此，本书将企业规模和所有制形式作为控制变量。

三、预测试

为了保证问卷的效度和信度，在问卷正式发放之前，将问卷经过几轮的翻译、讨论和修订，形成预问卷（Brislin，1970）。其中，由于存在语言文化差异，我们还根据中国的语言习惯对问题的具体语言描述进行了修改以达到容易理解、规避误解的作用。接下来，根据邀请的相关研究领域的多位专家学者对问卷题项提出的宝贵意见和建议，对问卷做进一步修订，得到初步的调查问卷。在预测试阶段，面向中高层领导者共收集了 50 份样本进行小样本容量的调查，希望对下列情况进行检验：（1）检测问卷在实际调查中与调查对象的匹配程度，检验题项的清晰与准确程度。（2）基于 KMO 和 Bartlett 球形检验、探索性因子分析和信度分析检验测量量表，检验不同变量对应题项的合理性与有效性以及进一步的调整。

数据回收后，本书首先对量表的信效度进行分析：（1）进行 KMO 和 Bartlett 球形检验，若检测结果显示 KMO 数值大于阈值 0.500，且 Bartlett 球形检验的显著性水平 P 值小于 0.005，表示能够在 0.050 的水平显著，则说明研究中所采用的量表适合进行探索性的因子分析。（2）采用主成分分析法和正交旋转法进行探索性因子分析，在旋转后的成分矩阵中若所有题项的因子载荷值均大于 0.500，则证明量表题项符合标准要求。另外，还需进行量表的信度检验。通过 Cronbach's α 数值对测量结果的一致性与稳定性进行评估，如果 Cronbach's α 数值大于 0.700、矫正后的项目总计相关性（Corrected Item–Total Correlation，CITC）大于 0.400，且删除向后的 Cronbach's α 数值和删除前相比没有显著的增加，则表明量表具有较好的信度。

（一）供应链学习量表检验

首先对供应链学习进行 KMO 和 Bartlett 球形检验，如表5.6所示。结果显示供应链学习所对应的 KMO 值为0.766，大于阈值0.500，Bartlett 球形检验结果的显著水平为0.000满足在0.050水平显著的需求。因此，供应链学习量表适合进行探索性因子分析。

表5.6 供应链学习量表的 KMO 和 Bartlett 球形检验

变量	检验		结果值
供应链学习	KMO 取样适切性量数		0.766
	Bartlett 球形检验	χ^2	141.688
		df	10.000
		Sig	0.000

经过探索性因子分析得到的供应链学习变量的主成分矩阵如表5.7所示。其中所有供应链学习题项的因子载荷值范围为0.770~0.822，均大于阈值0.500，说明供应链学习量表具有较好的效度。

表5.7 供应链学习量表的主成分矩阵

变量	题项	成分
供应链学习	SCL1	0.770
	SCL2	0.795
	SCL3	0.781
	SCL4	0.822
	SCL5	0.783

供应链学习量表的信度检验结果如表5.8所示。其中，量表的 Cronbach's α 值为0.847，所有供应链学习题项的 CITC 值范围为0.634~0.689，最小值0.634大于阈值0.400，所有题项删除项后的 Cronbach's α 与总体的 Cronbach's α 相比也无明显提高，因而证明供应链学习量表具有良好的信度。

表 5.8 供应链学习量表信度检验

变量	题项	CITC	删除项后的 Cronbach's α	Cronbach's α
供应链学习	SCL1	0.634	0.824	0.847
	SCL2	0.670	0.813	
	SCL3	0.646	0.820	
	SCL4	0.689	0.807	
	SCL5	0.656	0.817	

（二）供应链探索量表检验

对供应链探索进行 KMO 和 Bartlett 球形检验，如表 5.9 所示。供应链探索对应的 KMO 值为 0.763，大于阈值 0.500，Bartlett 球形检验结果的显著水平为 0.000，满足在 0.050 水平显著的需求，因此，量表适合进行探索性因子分析。

表 5.9 供应链探索量表的 KMO 和 Bartlett 球形检验

变量	检验		结果值
供应链探索	KMO 取样适切性量数		0.763
	Bartlett 球形检验	χ^2	71.210
		df	6.000
		Sig	0.000

经过探索性因子分析得到的供应链探索变量的主成分矩阵如表 5.10 所示。其中所有供应链探索题项的因子载荷值范围为 0.765~0.844，均大于阈值 0.500，说明供应链探索量表具有良好的效度。

表 5.10 供应链探索量表的主成分矩阵

变量	题项	成分
供应链探索	SCER1	0.766
	SCER2	0.765
	SCER3	0.736
	SCER4	0.844

供应链探索量表的信度检验结果如表 5.11 所示。量表的 Cronbach's α 值为 0.783，所有题项的 CITC 值范围为 0.538～0.680，最小值大于阈值 0.400，所有题项删除项后的 Cronbach's α 与总体的 Cronbach's α 相比也无明显提高，证明供应链探索量表具有良好的信度。

表 5.11　供应链探索量表信度检验

变量	题项	CITC	删除项后的 Cronbach's α	Cronbach's α
供应链探索	SCER1	0.574	0.739	0.783
	SCER2	0.572	0.740	
	SCER3	0.538	0.756	
	SCER4	0.680	0.681	

（三）供应链开发量表检验

对供应链开发进行 KMO 和 Bartlett 球形检验，如表 5.12 所示。供应链开发对应的 KMO 值为 0.790，大于阈值 0.500，Bartlett 球形检验结果的显著水平为 0.000，满足在 0.050 水平显著的需求。因此，供应链开发量表适合进行探索性因子分析。

表 5.12　供应链开发量表的 KMO 和 Bartlett 球形检验

变量	检验		结果值
供应链开发	KMO 取样适切性量数		0.790
	Bartlett 球形检验	χ^2	108.420
		df	6.000
		Sig	0.000

经过探索性因子分析得到的供应链开发变量的主成分矩阵如表 5.13 所示。其中所有供应链开发题项的因子载荷值范围为 0.791～0.898，均大于阈值 0.500，说明供应链开发量表具有良好的效度。

表 5.13　供应链开发量表的主成分矩阵

变量	题项	成分
供应链开发	SCEI1	0.898
	SCEI2	0.791
	SCEI3	0.807
	SCEI4	0.804

供应链开发量表的信度检验结果如表 5.14 所示，量表的 Cronbach's α 值为 0.845，所有供应链开发题项的 CITC 值范围为 0.634~0.793，最小值大于阈值 0.400，所有题项删除项后的 Cronbach's α 与总体的 Cronbach's α 相比无明显提高，证明供应链开发量表具有良好的信度。

表 5.14　供应链开发量表信度检验

变量	题项	CITC	删除项后的 Cronbach's α	Cronbach's α
供应链开发	SCEI1	0.793	0.750	0.845
	SCEI2	0.634	0.823	
	SCEI3	0.654	0.814	
	SCEI4	0.651	0.816	

（四）供应链敏捷性量表检验

对供应链敏捷性进行 KMO 和 Bartlett 球形检验，如表 5.15 所示。供应链敏捷性对应的 KMO 值为 0.870，大于阈值 0.500，Bartlett 球形检验结果的显著水平为 0.000，满足在 0.050 水平显著的需求。因此，供应链敏捷性量表适合进行探索性因子分析。

表 5.15　供应链敏捷性量表的 KMO 和 Bartlett 球形检验

变量	检验		结果值
供应链敏捷性	KMO 取样适切性量数		0.870
	Bartlett 球形检验	χ²	180.825
		df	15.000
		Sig	0.000

经过探索性因子分析得到的供应链敏捷性变量的主成分矩阵如表 5.16 所示。其中所有供应链敏捷性题项的因子载荷值范围为 0.760 ~ 0.835，均大于阈值 0.500，说明供应链敏捷性量表具有良好的效度。

表 5.16　供应链敏捷性量表的主成分矩阵

变量	题项	成分
供应链敏捷性	SCA1	0.835
	SCA2	0.790
	SCA3	0.760
	SCA4	0.768
	SCA5	0.792
	SCA6	0.798

供应链敏捷性量表的信度检验结果如表 5.17 所示，量表的 Cronbach's α 值为 0.879，所有供应链敏捷性题项的 CITC 值范围为 0.651 ~ 0.744，最小值大于阈值 0.400，所有题项删除项后的 Cronbach's α 与总体的 Cronbach's α 相比无明显提高，说明供应链敏捷性量表具有良好的信度。

表 5.17　供应链敏捷性量表信度检验

变量	题项	CITC	删除项后的 Cronbach's α	Cronbach's α
供应链敏捷性	SCA1	0.744	0.848	0.879
	SCA2	0.687	0.858	
	SCA3	0.651	0.864	
	SCA4	0.660	0.862	0.879
	SCA5	0.690	0.858	
	SCA6	0.695	0.858	

（五）供应链弹性量表检验

对供应链弹性进行 KMO 和 Bartlett 球形检验，如表 5.18 所示。供应链弹性对应的 KMO 值为 0.898，大于阈值 0.500，Bartlett 球形检验结果的显著水平为 0.000，满足在 0.050 水平显著的需求。因此，供应链弹性量表适合进行探索性因子分析。

表 5.18　供应链弹性量表的 KMO 和 Bartlett 球形检验

变量	检验		结果值
供应链弹性	KMO 取样适切性量数		0.898
	Bartlett 球形检验	χ²	213.609
		df	15.000
		Sig	0.000

经过探索性因子分析得到的供应链弹性变量的主成分矩阵如表 5.19 所示。其中所有供应链弹性题项的因子载荷值范围为 0.757~0.847，均大于阈值 0.500，说明供应链弹性量表具有良好的效度。

表 5.19　供应链弹性量表的主成分矩阵

变量	题项	成分
供应链弹性	SCR1	0.833
	SCR2	0.818
	SCR3	0.847
	SCR4	0.814
	SCR5	0.757
	SCR6	0.835

供应链弹性量表的信度检验结果如表 5.20 所示，量表的 Cronbach's α 值为 0.879，所有供应链弹性题项的 CITC 值范围为 0.653~0.765，最小值大于阈值 0.400，所有题项删除项后的 Cronbach's α 与总体的 Cronbach's α 相比无明显提高，证明供应链弹性量表具有良好的信度。

表 5.20　供应链弹性量表信度检验

变量	题项	CITC	删除项后的 Cronbach's α	Cronbach's α
供应链弹性	SCR1	0.747	0.877	0.898
	SCR2	0.733	0.880	
	SCR3	0.765	0.874	
	SCR4	0.721	0.881	
	SCR5	0.653	0.892	
	SCR6	0.751	0.879	

第三节　实证分析与结果

一、有效样本与描述性统计

经过预测试反馈完善问卷后，本书在专业线上平台进行了正式问卷的发放，选择付费方式将问卷以邮件形式向随机选择的公司中符合条件的受访者进行在线问卷调查。研究所选择的行业为中国制造业。为确保研究结果的可靠性和可信度，本书对受访者进行限制。由于公司的中高层经理对公司战略以及公司组织更为了解，本书选用的调查对象为中国制造业企业的中高层管理者（Gu et al.，2021b），并要求受访者的作答次数大于等于1，且历史被采纳率大于等于80%。另外，还通过设置最短作答时间以及反向筛选问题对受访者答题的质量进行监控。此外，在问卷中还对受访者数据以及个人隐私做出了保密承诺，而平台也在问卷分发的过程中为每一位受访者安排了一轮跟踪电话和两封提示邮件。为保证数据的有效性，我们对收集得到的问卷进行了筛选，运用在问卷发放时所设置的反向问题、问卷填写完整情况以及内容符合情况，对具有明显规律性以及自相矛盾的问卷进行剔除，最后共发放问卷1163份，整理得到有效问卷396份，有效率为34.05%。

根据 Zhao 等人的研究，样本发放应该尽可能覆盖中国的不同地区与省份，包括长江三角洲（如江苏省、浙江省、上海）、中国东北（如吉林省、黑龙江省）、渤海经济区（如河北省、天津、北京）、中国中部（如安徽省、福建省、江西省）、珠江三角洲（如广东省）、中国西南部（如广西省、海南省、重庆）和中国西北（如山西省）（Zhao，Flynn and Roth，2006）。基于以上地区划分后的样本在这些地理区域内的分布大致相同，也代表了经济发展的不同阶段。本书的问卷数据来源也涵盖了上述所有地区和省份。同时，数据涉及多个制造业细分行业，包括电子电器设备制造行业（占比 22.2%），金属制品、机械和设备（占比 27.0%），建筑材料家具制造行业（占 9.6%），食品、烟酒茶加工制造（占比 9.3%）等；约70%的企业年营业额在 5000 万以上，超60%的企业员工数在 300 人以上。此外，本书调查的对象中总裁占比为 2.3%，生产经理占比为 23.2%，采购经理占比为 19.4%，产品经理占比为 18.4%，研发经理为 9.8%，市场经理占比为 19.7%。工厂经理占比为 4.8%，其他职位占比为 2.3%，调查对象均在企业中具有一定地位，对企业有较深刻的了解。被调查者在当前职位的任职时间为 1~10 年，进而为数据结果的可靠性提供了支持，被调查者有足够的专业知识可以完成这项调查，符合本书的需要（Hair，Ringle and Sarstedt，2011）。被调查者所在企业大部分为国有企业和私营企业，这符合中国制造业的情境，满足本书的需要。对问卷数据进行描述性统计，结果如表 5.21 所示。

表 5.21 样本的描述性统计

职位	频率	百分比（%）
总裁	9	2.3
生产经理	92	23.2
采购经理	77	19.4
产品经理	73	18.4
研发经理	39	9.8
市场经理	78	19.7
工厂经理	19	4.8
其他	9	2.3

工作经验	频率	百分比（%）
<1 年	12	3.0
1~5 年	219	55.3
6~10 年	142	35.8
10~15 年	17	4.3
大于 15 年	6	1.5
公司人数	频率	百分比（%）
<20	7	1.7
21~300	133	33.6
301~1000	120	30.3
1001~2000	47	11.8
2001~3000	21	5.3
>3000	68	17.2
细分行业	频次	百分比（%）
电子电气设备制造	88	22.2
建筑材料、家具制造	38	9.6
医药制造	21	5.3
金属制品、机械和设备	107	27.0
印刷和记录媒介复制	10	2.5
化学原料及化学制品制造	18	4.6
橡胶/塑料制品制造	17	4.3
食品、烟酒茶加工制造	37	9.3
纺织服装、服饰	25	6.3
其他	35	8.8
年收入（元）	频次	百分比（%）
<1000 万	29	7.3
1000 万（含）~5000 万	91	23.0
5000 万（含）~1 亿	90	22.7
1 亿（含）~3 亿	65	16.4
3 亿（含）~5 亿（含）	39	9.8
>5 亿	82	20.7

续表

所有制形式	频次	百分数（%）
中外合资	29	7.3
国有企业	78	19.7
外资企业	22	5.6
私营企业	267	67.4
固定资产（元）	频次	百分数（%）
<500万	12	3.0
500万（含）~1000万	66	16.7
1000万（含）~2000万	54	13.6
2000万（含）~5000万	68	17.2
5000万（含）~1亿（含）	80	20.2
>1亿	116	29.3

二、测量模型信效度分析

（一）信度检验

信度检验是一种用来判断问卷可靠性和稳定性的方法，内部一致性的程度越高，表示测量变量的题项的信度水平越高。大多数学者认为 Cronbach's α 系数大于 0.6 表示结果可以接受，0.7~0.8 表示比较好，大于 0.8 表示非常好。在本书中，通过采用 SPSS 26.0 对问卷的信度进行检验，并且通过依赖 Cronbach's α 系数的具体数值对问卷的信度进行判断评估。量表中各个变量的 Cronbach's α 系数数值如表 5.22 所示。量表的 Cronbach's α 系数均大于 0.8，且所有题项均在自己对应的变量上，且因子载荷大于 0.5，并高于在其他测量变量结构的交叉载荷系数，因此，具有较高的信度水平。

表 5.22　信度指标

变量	题项	因子载荷	M	SE	Cronbach's α
供应链学习	SCL1	0.710	5.860	0.719	0.841
	SCL2	0.691	5.720	0.820	
	SCL3	0.710	5.730	0.835	
	SCL4	0.667	5.650	0.862	
	SCL5	0.725	5.680	0.822	
供应链探索	SCER1	0.751	6.050	0.810	0.822
	SCER2	0.664	5.830	0.877	
	SCER3	0.742	5.820	0.824	
	SCER4	0.665	5.830	0.815	
供应链开发	SCEI1	0.750	5.710	0.897	0.817
	SCEI2	0.701	5.860	0.813	
	SCEI3	0.649	5.870	0.826	
	SCEI4	0.659	5.880	0.822	
供应链敏捷性	SCA1	0.829	5.550	0.860	0.864
	SCA2	0.634	5.880	0.858	
	SCA3	0.564	5.820	0.858	
	SCA4	0.673	5.820	0.798	
	SCA5	0.684	5.870	0.830	
	SCA6	0.720	6.070	0.758	
供应链弹性	SCR1	0.673	5.600	0.853	0.858
	SCR2	0.680	5.730	0.880	
	SCR3	0.691	5.660	0.884	
	SCR4	0.680	5.580	0.873	
	SCR5	0.741	5.440	1.055	
	SCR6	0.705	5.760	0.850	

（二）效度分析

验证性因子分析是检验一个变量与它本身的测量题项之间的关系是否符

合研究模型预设，是对研究中所提出的模型的检验，经常用到结构方程模型。本研究选用 AMOS 24.0 和 Smart-PLS 进行测量。

效度分析能够对量表的准确性进行检验，主要通过 KMO 和 Bartlett 球形检验、探索性因子分析（EFA）以及验证性因子分析（CFA）进行效度分析。

1. KMO 和 Bartlett 球形检验

运用 SPSS 26.0 对模型中每个变量进行因子分析，得到每个变量的 KMO 和 Bartlett 球形检验情况。通过 KMO 检验（取值范围为 0~1）能够比较变量间的简单相关系数和偏相关系数，越接近 1 证明越适合做因子分析，一般认为 KMO 数值大于 0.8 为非常适合进行因子分析，KMO 数值大于 0.8 表示适合做因子分析，KMO 数值大于 0.7 表示适合程度一般。Bartlett 检验是通过检验原有变量之间的相关程度以及根据相关系数矩阵的行列式计算出相应检验统计量，检验统计量的数值越大对应效果越好，对应的 p 值也会小于给定的显著性水平，表明原有变量间存在较强的相关性，适合做因子分析。本书问卷中所有变量的探索性因子分析结果如表 5.23 所示。KMO 和 Bartlett 检验结果为 KMO 值大于 0.6 且 p 值小于 0.05，证明数据适合进行因子分析。

表 5.23　KMO 和 Bartlett 检验

变量	KMO	显著性	累计方差贡献率	因子载荷范围
供应链学习	0.823	0.000	61.517	0.763~0.823
供应链探索	0.803	0.000	65.319	0.781~0.833
供应链开发	0.806	0.000	64.649	0.794~0.814
供应链敏捷性	0.890	0.000	59.710	0.737~0.819
供应链弹性	0.897	0.000	58.892	0.762~0.793

2. 探索性因子分析（EFA）

运用 SPSS 26.0 进行探索性因子分析。探索性因子分析是通过 SPSS 26.0 提取出特征值大于 1 的因子，采用最大方差法对因子载荷矩阵实行正交旋转，用得到的各个变量和各个潜变量的因子载荷数值去推测数据的因子结构，探索性因子分析情况如表 5.24 所示。

表 5.24　探索性因子分析

成分	初始特征值			提取载荷平方和			旋转载荷平方和		
	总计	方差百分比	累积百分比	总计	方差百分比	累积百分比	总计	方差百分比	累积百分比
1	9.899	39.597	39.597	9.899	39.597	39.597	3.711	14.846	14.846
2	1.760	7.039	46.636	1.760	7.039	46.636	3.445	13.778	28.624
3	1.628	6.512	53.148	1.628	6.512	53.148	3.142	12.567	41.191
4	1.337	5.350	58.498	1.337	5.350	58.498	2.799	11.197	52.389
5	1.048	4.194	62.691	1.048	4.194	62.691	2.576	10.303	62.691
6	0.742	2.869	65.661						
7	0.676	2.703	68.363						
8	0.649	2.594	70.858						
9	0.608	2.433	73.391						
10	0.569	2.278	75.669						
11	0.538	2.151	77.820						
12	0.510	2.040	79.860						
13	0.489	1.856	81.816						
14	0.479	1.817	83.733						
15	0.455	1.820	85.554						
16	0.448	1.793	87.347						
17	0.421	1.685	89.033						
18	0.391	1.565	90.597						
19	0.384	1.537	92.134						
20	0.370	1.479	93.613						
21	0.352	1.407	95.020						
22	0.346	1.383	96.403						
23	0.321	1.285	97.688						
24	0.312	1.248	98.836						
25	0.266	1.064	100.000						

从表 5.24 可以看出，通过最大方差旋转后，一共提取出五个因子，提取出的因子数与模型中采用的变量个数相符。另外，通过探索性因子分析得到的累计解释数据的方差为 62.691%，大于 60%，因此可以认为量表的题项解

释了大部分的数据，说明该量表是有效的。通过表 5.23 的数据可知，各个测量变量自己的累积方差贡献率都接近或者达到了社会科学研究一般要求的 60%的标准，能够证明所收集数据达到了较高的探索性因子分析水平。

此外，通过 SPSS 26.0 勾选最大方差法，得到旋转矩阵结果如表 5.25 所示。可以看到所有题项的因子载荷都在应该处于的变量区间，具体而言，供应链学习题项所在区间为 0.667~0.725，供应链探索题项所在区间为 0.664~0.751，供应链开发题项所在区间为 0.649~0.750，供应链敏捷性题项所在区间为 0.564~0.829，供应链弹性题项所在区间为 0.673~0.741，每个题项对应的因子载荷数值均大于 0.5，所有题项汇总后所在区间为 0.564~0.751，均达到理论要求。

表 5.25　最大方差法

	成分					
	1	2	3	4	5	6
SCL1			0.710			
SCL2			0.691			
SCL3			0.710			
SCL4			0.667			
SCL5			0.725			
SCER1					0.751	
SCER2					0.664	
SCER3					0.742	
SCER4					0.665	
SCEI1						0.750
SCEI2						0.701
SCEI3						0.649
SCEI4						0.659
SCA1		0.829				
SCA2		0.634				
SCA3		0.564				

	成分					
	1	2	3	4	5	6
SCA4		0.673				
SCA5		0.684				
SCA6		0.720				
SCR1	0.673					
SCR2	0.680					
SCR3	0.691					
SCR4	0.680					
SCR5	0.741					
SCR6	0.705					

以上分析表明，检验结果通过了探索性因子分析，对研究的效度进行了证明。

3. 验证性因子分析（CFA）

本书主要运用 AMOS 24.0 与 Smart-PLS 对于结构效度、收敛效度和区分效度进行检验。首先进行结构效度的检验，通过 AMOS 24.0 进行检验模型的绘制，将所有题项与对应的潜变量相连并且自由估计协方差，得出的模型拟合优度检验结果如表 5.26 所示。

表 5.26　模型拟合指标

CMIN/DF	GFI	NFI	IFI	TLI	CFI	SRMR	RMSEA	RMR
1.553	0.824	0.815	0.868	0.864	0.868	0.0395	0.037	0.030

可以看出，模型拟合指标中的 MIN/DF = 1.553 小于阈值 3、RMSEA = 0.037 小于阈值 0.05、CFI = 0.868 大于阈值 0.8、IFI = 0.868 大于阈值 0.8、TLI = 0.864 大于阈值 0.8、NFI = 0.815 大于阈值 0.8、GFI = 0.824 大于阈值 0.8、RMR = 0.030 小于阈值 0.05、SRMR = 0.0395 小于阈值 0.05。结果表明拟合优度较好，该测量模型是可接受的，具有较好的结构效度（Hair et al., 2006）。在此基础上，本书对相关效度指标进行了整理，如表 5.27 所示。

表 5.27　效度指标

测量项目	标准化回归系数	t 值	p 值	α	AVE	CR
供应链学习				0.843	0.520	0.844
SCL1	0.784	—				
SCL2	0.694	13.255	***			
SCL3	0.686	13.699	***			
SCL4	0.706	14.206	***			
SCL5	0.732	14.176	***			
供应链探索				0.823	0.539	0.823
SCER1	0.749	—				
SCER2	0.702	13.192	***			
SCER3	0.697	13.294	***			
SCER4	0.785	14.586	***			
供应链开发				0.818	0.529	0.818
SCEI1	0.712	—				
SCEI2	0.724	12.835	***			
SCEI3	0.722	12.829	***			
SCEI4	0.750	13.252	***			
供应链敏捷性				0.864	0.516	0.865
SCA1	0.672	—				
SCA2	0.739	12.698	***			
SCA3	0.699	12.137	***			
SCA4	0.681	12.043	***			
SCA5	0.739	12.838	***			
SCA6	0.776	13.407	***			
供应链弹性				0.861	0.508	0.860
SCR1	0.722	—				
SCR2	0.707	13.076	***			
SCR3	0.754	14.057	***			
SCR4	0.708	13.252	***			
SCR5	0.654	12.228	***			
SCR6	0.727	13.433	***			

注：*** 表示 p 值在 0.001 水平下显著。

可以看出，所有变量包括供应链学习、供应链探索、供应链开发、供应链敏捷性和供应链弹性的题项的标准化回归系数值均在显著性水平 p 值为 0.001 的水平下显著，且标准化回归系数大于阈值 0.5，t 值大于 2（O'Leary-Kelly and Vokurka，1998），CR 值均大于阈值 0.7（Hair et al.，2006），AVE 值均大于阈值 0.5（Fornell and Larcker，1981；Frank，Dalenogare and Ayala，2019），证明本测量量表具有较好的收敛效度。

关于区分效度，由于每个项目的因素在因子分析时因子载荷高于其他相应的构造（由表 5.25 可知），接下来我们计算了每个变量的平方根，结果如表 5.28 所示。

表 5.28　AVE 值和相关性的平方根

Construct	SCL	SCER	SCEI	SCA	SCR
SCL	(0.721)				
SCER	0.697***	(0.734)			
SCEI	0.650***	0.710***	(0.718)		
SCA	0.631***	0.686***	0.612***	(0.718)	
SCR	0.645***	0.575***	0.702***	0.656***	(0.713)

注：*** $p<0.01$，** $p<0.05$。

通过比较每个维度结构的 AVE 值的平方根与其他结构的相关性可以得出所有变量的 AVE 值的平方根都大于其与其他维度的双元关联性的结论。在此之后，通过进行 5000 个样本的引导程序，发现在 95% CI 水平下，所有 HTMT 值都低于 0.85（Tai，Wang and Yeh，2019）。以上讨论证明本研究具有很好的区分效度。

三、共同方法偏差和无反应偏差

通过独立样本 t 检验，比较早期和晚期反应的人口统计学特征（前 10% 和后 10% 的返回反应），可以对潜在的无反应偏差进行检验（Armstrong and Overton，1977）。本研究利用 SPSS26.0 软件对年平均营业额和员工数量按数据收集时间的前 10% 和后 10% 进行分类，进行了无反应偏差的检验。结果显示，前 10% 与后 10% 两组在平均年营业额（$t=1.167$，$p=0.739$）以及员工数量（$t=1.859$，$p=0.580$）方面没有显著差异。因此，可以得出无反应偏差对我们的研究并没有重大影响的结论。

关于共同方法偏差，首先采用探索性因子分析（EFA）检测共同方法偏差。我们利用 SPSS26.0 的因子分析勾选最大方差法进行检验，另外通过验证性因子分析（CFA）绘制 Harman 的单因子检验来补充观测结果，如表 5.29 和表 5.30 所示。

表 5.29 因子分析

成分	初始特征值			提取载荷平方和			旋转载荷平方和		
	总计	方差百分比	累积百分比	总计	方差百分比	累积百分比	总计	方差百分比	累积百分比
1	9.899	39.597	39.597	9.899	39.597	39.597	3.711	14.846	14.846
2	1.760	7.039	46.636	1.760	7.039	46.636	3.445	13.778	28.624
3	1.628	6.512	53.148	1.628	6.512	53.148	3.142	12.567	41.191
4	1.337	5.350	58.498	1.337	5.350	58.498	2.799	11.197	52.389
5	1.048	4.194	62.691	1.048	4.194	62.691	2.576	10.303	62.691
6	0.742	2.869	65.661						
7	0.676	2.703	68.363						
8	0.649	2.594	70.858						
9	0.608	2.433	73.391						
10	0.569	2.278	75.669						
11	0.538	2.151	77.820						
12	0.510	2.040	79.860						
13	0.489	1.856	81.816						
14	0.479	1.817	83.733						
15	0.455	1.820	85.554						
16	0.448	1.793	87.347						

续表

成分	初始特征值			提取载荷平方和			旋转载荷平方和		
	总计	方差百分比	累积百分比	总计	方差百分比	累积百分比	总计	方差百分比	累积百分比
17	0.421	1.685	89.033						
18	0.391	1.565	90.597						
19	0.384	1.537	92.134						
20	0.370	1.479	93.613						
21	0.352	1.407	95.020						
22	0.346	1.383	96.403						
23	0.321	1.285	97.688						
24	0.312	1.248	98.836						
25	0.266	1.064	100.000						

表 5.29 显示共有五个不同的因子的初始特征值大于 1.0，共占总方差的 62.691%。第一个提取的因子总方差为 14.846%，小于 40%，这反映了单一的变量不可以解释大部分的方差。表 5.30 显示的 Harman 的单因子模型拟合指数 （CMIN/DF = 4.816，TLI = 0.743，CFI = 0.764，NFI = 0.722，IFI = 0.765，RMR = 0.057，SRMR = 0.076，RMSEA = 0.100） 指标值均不在可接受范围内，表明不存在某一因素影响的威胁。

表 5.30　Harman 单因子检验结果

CMIN/DF	GFI	NFI	IFI	TLI	CFI	SRMR	RMSEA	RMR
4.816	0.728	0.722	0.765	0.743	0.764	0.076	0.100	0.057

四、共线性诊断

在进行假设检验之前，首先运用 SPSS 26.0 计算了模型的方差膨胀因子（VIF 数值）。把因变量中的一个题项与其他模型中的题项进行线性回归，得到方差膨胀因子数值，结果如表 5.31 所示。

表 5.31　共线性诊断

	未标准化系数		标准化系数		显著性	共线性统计	
	B	标准差	Beta	T		容差	VIF
（常量）	0.604	0.355		1.699	0.090		
SCL1	0.107	0.068	0.090	1.564	0.119	0.412	2.429
SCL2	−0.019	0.053	−0.018	−0.358	0.720	0.536	1.864
SCL3	0.047	0.051	0.047	0.829	0.353	0.549	1.821
SCL4	−0.042	0.051	−0.043	−0.837	0.403	0.524	1.807
SCL5	0.015	0.054	0.015	0.285	0.776	0.497	2.010
SCER1	0.079	0.056	0.075	1.418	0.157	0.492	2.032
SCER2	−0.040	0.049	−0.041	−0.813	0.417	0.532	1.881
SCER3	−0.054	0.051	−0.053	−1.055	0.292	0.556	1.800
SCER4	0.001	0.057	0.001	0.016	0.887	0.468	2.139
SCEI1	−0.018	0.048	−0.020	−0.382	0.703	0.528	1.893
SCEI2	0.065	0.048	0.070	1.360	0.175	0.522	1.817
SCEI3	0.026	0.047	0.028	0.554	0.580	0.529	1.891
SCEI4	0.017	0.053	0.017	0.325	0.745	0.521	1.818
SCA1	−0.045	0.051	−0.045	−0.883	0.378	0.520	1.825
SCA2	0.068	0.053	0.069	1.281	0.201	0.479	2.090
SCA3	0.054	0.051	0.055	1.052	0.293	0.512	1.854
SCA4	−0.058	0.054	−0.054	−1.080	0.281	0.542	1.847
SCA5	−0.068	0.055	−0.066	−1.241	0.215	0.485	2.061
SCA6	0.130	0.062	0.116	2.102	0.036	0.452	2.214
SCR1	0.108	0.052	0.108	2.079	0.038	0.507	1.873
SCR2	0.130	0.044	0.150	2.872	0.003	0.544	1.837
SCR3	0.180	0.050	0.187	3.578	0.000	0.503	1.889
SCR4	0.092	0.043	0.106	2.126	0.034	0.555	1.801
SCR5	0.119	0.039	0.148	3.035	0.003	0.583	1.717
因变量：SCR6							

可以看出，VIF 值范围区间为 1.717~2.429，低于普遍采用的阈值 10，

因此认为不存在严重的多重共线性。另外，本书也进行了相关性分析，对共线性诊断做出补充论证，通过将变量进行两两变量之间的相关分析得到相关系数以及各变量的均值与标准差情况，如表 5.32 和表 5.33 所示。

表 5.32　相关分析

	供应链学习	供应链探索	供应链开发	供应链敏捷性
供应链探索	0.576 **			
供应链开发	0.543 **	0.581 **		
供应链敏捷性	0.533 **	0.576 **	0.511 **	
供应链弹性	0.548 **	0.471 **	0.584 **	0.554 **

注：** 在 0.01 级别（双尾）相关性显著。

表 5.33　变量的均值与标准差

	平均值	标准差	个案数
供应链学习	5.7293	0.63537	396
供应链探索	5.8577	0.67149	396
供应链开发	5.8561	0.71498	396
供应链敏捷性	5.8544	0.63819	396
供应链弹性	5.6292	0.71546	396

可以看出，每两个不同变量之间进行相关性分析得出的 Person 系数所在区间为 0.471~0.581，均小于 0.8，而且均在 0.01 水平上显著正相关，由此认为数据不存在严重的多重共线性。因此在本研究中，多重共线性并不是一个严重的问题，排除了共线性可能给检验带来的干扰。

五、假设检验与结果分析

（一）结构方程模型

结构方程模型（Structural Equation Modeling）是一种被广泛应用的统计方法，具有能够同时处理多个变量、得到整个模型的拟合优度评价情况、对数据要求不高、允许误差范围更大以及可以同时对因子的结构与关系进行评价等优点。由于本书需要同时检验五个变量（供应链学习、供应链探索、供应链开发、供应链敏捷性和供应链弹性）之间的关系，选用结构方程模型进行研究假设论证是合理的。本书运用 AMOS 24.0 软件对模型的拟合程度进行分析。研究结构模型分析如图 5.2 所示。

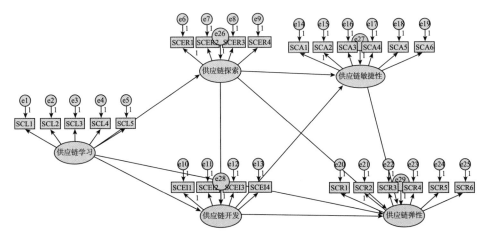

图 5.2　结构方程模型（N=396）

具体的模型拟合优度结果如表 5.34 所示。可以看出，各个模型拟合的数值均符合建议值的标准，说明本模型的拟合情况良好，可以继续采用本模型进行变量间的关系的分析。

表 5.34　模型总体拟合优度

拟合指标	χ^2/df	GFI	AGFI	TLI	CFI	NFI	RMSEA	RMR	SRMR
模型拟合值	1.624	0.820	0.803	0.859	0.864	0.811	0.040	0.034	0.0457
建议值	<3	>0.8	>0.8	>0.8	>0.8	>0.8	<0.05	<0.05	<0.05

（二）直接效应检验

本书使用 AMOS 24.0 软件进行相关假设检验。在假设检验的过程中，我们把企业规模与所有制形式作为控制变量。直接效应检验结果如表 5.35 所示。

表5.35　直接效应检验结果

	标准化系数	非标准化系数	S. E.	C. R.	P	结论
SCL→SCR	0.262	0.286	0.083	3.439	***	H1 成立
SCL→SCER	0.700	0.753	0.068	11.132	***	H2a 成立
SCL→SCEI	0.306	0.347	0.094	3.677	***	H2b 成立
SCER→SCR	−0.117	−0.118	0.097	−1.210	0.226	H3a 不成立
SCEI→SCR	0.411	0.395	0.081	4.890	***	H3b 成立
SCER→SCA	0.524	0.501	0.085	5.898	***	H4a 成立
SCEI→SCA	0.255	0.232	0.075	3.089	0.002 **	H4b 成立
SCA→SCR	0.347	0.367	0.081	4.531	***	H5 成立
SCER→SCEI	0.497	0.523	0.092	5.659	***	

注：R^2：SCER（0.526），SCEI（0.560），SCA（0.540），SCR（0.620）。

*** $p<0.001$，** $p<0.01$，* $p<0.05$。

可以看出，SCER、SCEI、SCA 和 SCR 的解释率分别为 52.6%、56.0%、54.0%、62.0%。检验结果证明所有 R^2 值均在 0.4 以上，表明该模型的预测能力从弱到中等（Hair，Ringle and Sarstedt，2011）。此外，在所有提出的假设中，除 H3a 的 p 值为 0.226>0.05 外，其他假设的 p 值均显著：H4b 在 p 值小于 0.01 的范围下显著，H1、H2a、H2b、H3b、H4a、H4b 和 H5 在 P 值小于 0.001 的条件下显著，所有显著的假设的标准化系数 β 值均在 0.262~0.700。因此可以得出，从 SCER 到 SCR 的路径不成立（$\beta=0.255$，$p=0.226>0.05$）即不支持 H3a，假设 H3a 不成立；支持 H1、H2a、H2b、H3b、H4a、H4b 和 H5，得出 H1、H2a、H2b、H3b、H4a、H4b 和 H5 成立的结论。

（三）中介效应检验

在检验中介效应之前需要对总效应进行检验（温忠麟、叶宝娟，2014），因此我们首先对供应链学习影响供应链弹性的总效应进行了测试，得出结果标准系数为 0.646、非标准系数为 0.711、p 值为 0.000，表明供应链学习对供应链弹性的总效应是显著的。

接下来，运用 AMOS 24.0 软件，设置 Bootstrap 样本为 5000 对本书所提出的中介效应进行检验，得到在 95% CI 下采用偏差校正百分位法计算和百分位法计算所得出的结果。通过 AMOS 24.0 软件得到的中介效应检验结果如表 5.36 所示。

表 5.36　中介作用检验结果

	系数（β）	标准误	Bias-corrected Percentile 95% CI			Percenntile 95%CI		
			低	高	p 值	低	高	p 值
H6a：SCL→SCER→SCR	-0.082	0.001	-0.264	0.072	0.292	-0.276	0.065	0.259
H6b：SCL→SCEI→SCR	0.126	0.001	0.038	0.238	0.011*	0.027	0.228	0.019*

注：*** $p<0.001$；** $p<0.01$；* $p<0.05$。

从直接效应结果（见表 5.35）可知，SCER 对 SCR 的直接影响并不显著，β 为 -0.117、p 值为 0.226 大于 0.05，因此不符合中介效应成立的条件。从表 5.36 中介效应检验的结果显示，路径 SCL-SCER-SCR 的间接影响在 95% CI 水平下并不显著（p 值分别为 0.292>0.05 以及 0.259>0.05），所在的置信区间也都包含零。因此，不能得出 SCER 在 SCL 对 SCR 的影响起中介作用，假设 H6a 并不成立。对于 H6b，如表 5.35 所示，SCL 对 SCR 的直接影响是显著的（$p<0.001$），SCL 对 SCEI 的直接影响、SCEI 对 SCR 的直接影响都是显著的（$p<0.001$）。在表 5.36 中，无论是偏置校正的百分位数方法还是百分位数方法，在 95% CI 下的路径置信区间都不包含零，p 值分别为 0.011<0.05、0.019<0.05，在 95% 的区间内也都不包含 0 是显著的。因此证明，路径 SCL→SCEI→SCR 的间接影响是显著的，即 SCEI 在 SCL 对 SCR 的影响中起中介作用，因此 H6b 得到支持。

（四）链式中介效应检验

最后，我们对链式中介作用 H7、H8a、H8b 进行检验。同样采用 AMOS 24.0，设置 Bootstrap 样本为 5000 对本书所提出的链式中介效应进行检验，得到在 95% CI 下采用偏差校正百分位法计算和百分位法计算的结果。

表 5.37　链式中介作用检验结果

	系数 (β)	标准误	Bias-corrected Percentile 95% CI			Percenntile 95%CI		
			低	高	p 值	低	高	p 值
SCL→SCER→SCEI→SCR	0.143	0.001	0.063	0.262	0.001 **	0.064	0.263	0.001 **
SCL→SCER→SCA→SCR	0.127	0.000	0.055	0.242	0.000 ***	0.054	0.240	0.000 ***
SCL→SCEI→SCA→SCR	0.044	0.000	0.015	0.087	0.007 **	0.010	0.078	0.019 *

注: *** $p<0.001$; ** $p<0.01$; * $p<0.05$。

对于 H7, 如表 5.35 所示, SCL 对 SCR 的直接影响显著 ($p<0.001$), SCL 对 SCER 的直接影响显著 ($p<0.001$), SCER 对 SCEI 的直接影响显著 ($p<0.001$), SCEI 对 SCR 的直接影响也显著 ($p<0.001$)。在表 5.37 中, 无论是偏置校正的百分位数方法还是百分位数方法, 在 95% CI 下的路径置信区间都不包含零, p 值为 $0.001<0.01$, 在 99% 的区间下也是显著的。因此, 路径: SCL→SCER→SCEI→SCR 的间接影响显著, 支持 H7, H7 成立。

对于 H8a, 如表 5.35 所示, SCL 对 SCR 的直接影响显著 ($p<0.001$), SCL 对 SCER 的直接影响显著 ($p<0.001$), SCER 对 SCA 的直接影响显著 ($p<0.001$), SCA 对 SCR 的直接影响都显著 ($p<0.001$)。在表 5.37 中, 无论是偏置校正的百分位数方法还是百分位数方法, 在 95% CI 下的路径置信区间都不包含零, p 值为 $0.000<0.001$, 在 99.8% 的区间下也是显著的。因此, 路径 SCL→SCER→SCA→SCR 的间接影响显著, 支持 H8a, H8a 成立。

对于 H8b, 如表 5.35 所示, SCL 对 SCR 的直接影响显著 ($p<0.001$), SCL 对 SCEI 的直接影响显著 ($p<0.001$), SCEI 对 SCA 的直接影响显著 ($p=0.002<0.01$), SCA 对 SCR 的直接影响都显著 ($p<0.001$)。在表 5.37 中, 无论是偏置校正的百分位数方法还是百分位数方法, 在 95% CI 下的路径置信区间都不包含零, p 值分别为 $0.007<0.05$、$0.019<0.05$, 在 95% 的区间下也是显著的。因此, 路径 SCL→SCEI→SCA→SCR 的间接影响显著, 支持 H8b, H8b 成立。

六、模型检验结果

本书的模型图以及检验结果如图 5.3 所示。

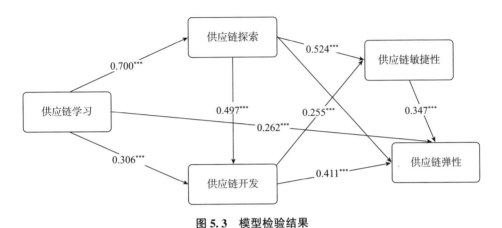

图 5.3　模型检验结果

注：*** $p<0.01$。

七、内生性检验

本书采用 2SLS 检验法，利用工具变量对可能存在的内生性问题进行评估（Yu et al.，2019）。在已有研究中，企业规模被认为对供应链探索或供应链开发有影响，因为大企业可能有更多的资源投入用于探索或开发（Umar，Wilson and Heyl，2021）。在 2SLS 检验中，我们选择平均年营业额和员工数两个变量作为工具变量，他们都是常见的企业规模的衡量标准。控制变量对供应链探索、供应链开发、供应链敏捷性以及供应链弹性的路径系数以及显著性水平（p 值）结果如表 5.38 所示，可以看出无论是平均年营业额（$\beta=-0.040$）还是员工数（$\beta=0.039$）与供应链弹性均无显著相关性。

表 5.38　模型检验中控制变量系数

控制变量	因变量路径系数以及 p 值			
	供应链探索	供应链开发	供应链敏捷性	供应链弹性
年营业额	0.044（$p>0.1$）	-0.061（$p=0.038$）	0.012（$p>0.1$）	-0.040（$p>0.1$）

控制变量	因变量路径系数以及 p 值			
	供应链探索	供应链开发	供应链敏捷性	供应链弹性
员工数	0.020 （$p>0.1$）	0.022 （$p>0.1$）	0.015 （$p>0.1$）	0.039 （$p>0.1$）
固定资产	−0.007 （$p>0.1$）	0.048 （$p>0.05$）	−0.008 （$p>0.1$）	−0.007 （$p>0.1$）
国有企业	−0.154 （$p>0.1$）	0.025 （$p>0.1$）	0.127 （$p>0.1$）	0.099 （$p>0.1$）
私营企业	−0.028 （$p>0.1$）	0.028 （$p>0.1$）	0.183 （$p>0.05$）	−0.011 （$p>0.1$）
中外企业	−0.053 （$p>0.1$）	0.094 （$p>0.1$）	−0.036 （$p>0.1$）	0.255 （$p>0.05$）
合资企业	0.053 （$p>0.1$）	−0.094 （$p>0.1$）	0.036 （$p>0.1$）	−0.255 （$p>0.05$）

然后，对所有控制变量和工具变量同供应链探索和供应链开发进行回归分析。结果显示，年平均营业额与供应链探索（$\beta=0.057$，$p=0.050<0.1$）和供应链开发（$\beta=-0.050$，$p=0.092<0.1$）在 $p=0.1$ 的情况下显著相关。接下来，我们运用 Stata 计算了供应链探索和供应链开发的预测值，并将预测值和控制变量进行了回归，得到供应链开发的预测值对供应链弹性 SCR 有显著正向影响（$\beta=0.750$，$p=0.033<0.05$），而供应链探索的预测值对供应链弹性的影响不显著（$\beta=-0.842$，$p=0.104$）。

表 5.39　2SLS 法内生性检验结果

控制变量	供应链探索	供应链开发	供应链弹性
	模型 1 （OLS）	模型 2 （OLS）	模型 3 （2SLS）
国有企业	−0.1824	−0.0004	−0.0122
私营企业	−0.0330	0.0231	−0.0254
中外合资	−0.0582	0.0783	0.2349
外资企业	0.0582	−0.0783	−0.2349
员工数[a]	−0.0251	0.0208	
固定资产	−0.0060	0.0440	0.0068
年平均营业额[a]	0.0566	−0.0496	
供应链学习	0.5906 ***	0.3483 ***	0.7501 *
供应链探索		0.4310 ***	−0.8416
供应链开发			0.2741 *

续表

控制变量	供应链探索	供应链开发	供应链弹性
	模型 1（OLS）	模型 2（OLS）	模型 3（2SLS）
供应链敏捷性			0.3847***
R^2	0.3487	0.4087	0.4214
F 值	29.68	33.43	35.23

注：*** $p<0.001$，** $p<0.01$，* $p<0.05$，a 变量用作假设的内生性检验的工具变量。

总的来说，表 5.39 中 2SLS 检验得到的结果与表 5.35 中得到的结论基本一致，因此我们可以得出结论，本研究不受内生性问题的影响。

本章小结

通过阐述研究背景、相关研究进展、理论模型构建、假设提出与实证检验，本研究深入探讨了供应链学习对供应链弹性的影响机制，得出如下结论。

（1）主效应方面：从实证分析结果可以看出，供应链学习对供应链弹性起正向影响作用，H1 得到验证；供应链学习分别对供应链探索和供应链开发起正向影响作用，H2a 和 H2b 得到验证；供应链探索对供应链弹性的影响作用并不显著，H3a 不成立，H3a 没有得到验证；供应链开发对供应链弹性起正向影响作用，H3b 得到验证；供应链探索和供应链开发分别对供应链敏捷性起正向影响作用，H4a 和 H4b 得到验证；供应链敏捷性对供应链弹性起正向影响作用，H5 得到验证。

（2）中介效应方面：供应链探索在供应链学习和供应链弹性之间的关系中，由于供应链探索不存在对供应链弹性的直接效应，所以供应链探索在供应链学习和供应链弹性之间并没有起到中介作用，H6a 不成立；供应链开发在供应链学习和供应链弹性之间的中介作用成立，H6b 成立；关于链式中介作用，供应链学习通过影响供应链探索进一步影响供应链开发最终对供应链弹性的路径系数显著，即供应链学习可以通过影响供应链探索进一步影响供应链开发，最终对供应链弹性起到链式中介作用，H7 成立；供应链学习通过影响供应链探索进一步影响供应链敏捷性最终对供应链弹性的路径系数显著，即供应链学习可以通过影响供应链探索进一步影响供应链敏捷性最终对供应链弹性起到中介作用，H8a 成立；供应链学习通过影响供应链开发进一步影响供应链敏捷性，最终对供应链弹性的路径系数显著，即供应链学习可以通过影响供应链开发进一步影响供应链敏捷性，最终对供应链弹性起到中介作用，H8b 成立。

综上所述，本书的理论假设结果汇总如表 5.40 所示。

表 5.40   假设结果统计

假设	结果
H1：供应链学习对供应链弹性有正向影响	成立
H2a：供应链学习对供应链探索有正向影响	成立
H2b：供应链学习对供应链开发有正向影响	成立
H3a：供应链探索对供应链弹性有正向影响	不成立
H3b：供应链开发对供应链弹性有正向影响	成立
H4a：供应链探索对供应链敏捷性有正向影响	成立
H4b：供应链开发对供应链敏捷性有正向影响	成立
H5：供应链敏捷性对供应链弹性有正向影响	成立
H6a：供应链探索在供应链学习和供应链弹性之间起中介作用	不成立
H6b：供应链开发在供应链学习和供应链弹性之间起中介作用	成立
H7：供应链学习可以通过影响供应链探索进一步影响供应链开发，最终对供应链弹性起到链式中介作用	成立
H8a：供应链学习通过影响供应链探索而影响供应链敏捷性，最终对供应链弹性起到链式中介作用	成立
H8b：供应链学习可以通过影响供应链探索影响供应链敏捷性最终对供应链弹性起到链式中介作用	成立

第六章　控制机制对供应链弹性的影响研究

供应链弹性的提升对于应对中断和失败事件至关重要，这些事件可能是由自然灾害、政策环境、商业环境以及全球供应链的脆弱性引起的（Zhu and Wu，2022；朱新球，2019）。供应链弹性不仅能够减少预期的损失、降低总成本、提高服务水平（Kamalahmadi，Shekarian and Mellat，2022；Kamalahmadi and Shekarian，2021），还能在一定程度上通过提高供应链的恢复力和抵抗力来提升企业可持续绩效（张树山、谷城，2023）。一些学者试图使供应链弹性与企业可持续绩效产生联系，其中大多数研究表明，供应链弹性可以改善财务状况和运营效果以及产品的创新绩效，而一些研究表明，供应链弹性对制造业企业来说意味着增加库存，这可能导致更高的成本，影响企业的经济绩效。此外，作为供应链弹性的两个维度，敏捷性和韧性被认为不会显著影响经济的可持续性，而是会影响环境和社会的可持续性绩效。因此，本书将全面、系统地探讨供应链弹性与企业可持续绩效之间的关系。

2020 年的新冠疫情不仅降低了企业的销售收入和市场价值，而且中断了大多数制造业供应链。大规模供应链断裂对全球企业的正常运营造成了广泛而深刻的影响，并对周边行业乃至各国的整体经济形势产生了不利影响。世界银行相关数据显示，新冠疫情导致的供应链中断将导致 GDP 减少 5%，约 3 万亿美元（Bai et al.，2021）。根据部分学者对新冠疫情影响的调查，发光二极管（LED）收入下降的幅度罕见，2020 年，全球智能手机产量创纪录地下降到了 11%。因此，供应链弹性受到更多关注，尤其是来自具有全球足迹的公司。企业正面临着疫情时期由于供应链断裂造成的严峻问题，同时解决供应链弹性造成的压力也成为企业的首要考虑（Blome, Schoenherr and Rexhausen, 2013）。当前相关领域的研究对供应链弹性进行了多角度分析，包括弹性阶段（准备、反应、恢复与成长）、弹性策略（主动和反应），弹性所需的能力（灵活性、坚固性、抵抗性、缓冲性、适应性和可视化）（Bode and Macdonald, 2016）。学者们试图在供应链弹性与企业可持续绩效之间建立关联。综合以上不一致的结论，表明供应链弹性对企业可持续绩效，包括经济、环境和社会的三重影响仍需进一步研究。因此，在制造业高速发展的时代，考虑如何充分发掘供应链弹性及其促进因子的特性，探讨其对企业可持续绩效的影响是制造企业解决可持续性问题的必然选择。但现有的供应链系统研究仍缺乏从三重底线的角度分析企业可持续性的问题，即"如何利用供应链弹性来实现经济、环境和社会绩效的平衡"，或"依赖于供应链弹性的控制机制在内部对企业可持续绩效产生怎样的影响"。同时，在对企业可持续绩效的作用机理的研究中，尚且缺乏将控制机制与供应链弹性内部细分维度进行探讨的文献。由于缺乏理论指导，企业面临盲目整改、回报率不高等现实问题。因此，本研究为企业通过高效运用控制机制来提升供应链弹性，进而为促进企业持续绩效的提升提供理论参考。

动态能力理论（Dynamic Capability Theory, DCT）重点在于解释企业在充满结构性和非结构性变化的环境中如何实现可持续绩效，从而帮助企业在动态环境中保持竞争优势（Teece, 2007）。因此，本书的第一个目标便是利用DCT来探究供应链弹性对三重可持续绩效的影响。由于供应链弹性对提高企业整体性能很重要，所以如何提高供应链弹性已成为研究的热点。现有文献表明，协调的供应链关系对于发展更强大的供应链弹性能力至关重要（Durach and Machuca, 2018; Scholten and Schilder, 2015）。然而，基于治理理论，供应链关系始终具有目标不一致、利益冲突和机会行为，需要控制机制来确保组织间关系的发展和供应链伙伴之间的有效协调（Liu, Li and Zhang, 2010; Li et al., 2010; Stouthuysen, Slabbinck and Roodhooft, 2012），从而抵制供应链中断。先前的研究已经认识到，这种关系的一些属性会影响心理弹性。例如，沟通可以促进联合解决问题和改善供应链弹性，而信任发挥了显著的调节作用（Fahimnia and Jabbarzadeh，2016a）。Jia 等学者证实了社会资本对主动性和反应弹性的影响（Jia et al.，2020）。综上，供应链关系中的控制机制对供应链弹性的影响研究较少，值得我们去探索。因此，本书第二个研究问题是控制机制对供应链弹性，包括主动弹性与反应弹性的作用机理。

综上所述，将动态能力理论作为核心理论基础，探究控制机制、供应链弹性与企业可持续绩效之间的关系。以控制机制（过程控制、结果控制和社会控制）为自变量，以企业三重可持续绩效，即经济、环境和社会绩效为因变量，以供应链弹性（主动弹性和反应弹性）为中介变量，探究各变量间的关系，揭示控制机制影响供应链弹性进而影响企业可持续绩效的路径。

第一节　研究假设与模型构建

本书旨在研究控制机制、供应链弹性、企业可持续绩效间的关系，以及供应链弹性在上述关系中的作用。基于 DCT 理论，结合控制机制、供应链弹性、企业可持续绩效的相关文献的回顾总结，正式提出了理论研究模型，如图 6.1 所示。

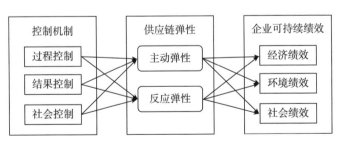

图 6.1　研究模型

本书根据三重底线将企业的可持续绩效界定为企业在经济、环境和社会三个方面的绩效表现。从 Teece 提出的动态能力观点来看，"重新配置"基于"感知"和"攫取"，是进一步构建动态能力的关键（Teece，2007）。相应地，企业应该重新组合、重新部署和重新配置其资产和组织结构，以获得更多资产来管理和控制风险，确保销售稳定增长并保证社会关系的持续改善。Eckstein 等强调供应链配置与重新设计，指出企业通过经济进步、政治社会变迁、人口变迁、技术进步等方式，以及开发新的供应基地、搬迁生产设施、外包等做法，来感知供应链与环境的变迁与长期影响，并协助改善快速应对外来冲击的能力。通过配置供应链的调整来增强适应力，从而达到提升企业绩效的目的（Eckstein et al.，2014）。同时，动态能力被认为可以帮助企业提高所获资源的效用，为企业带来可持续的、不可模仿的竞争优势。因此，本书将动态能力构建的最后一个阶段"重新配置"作为推动企业可持续绩效解释，即一种通过重新配置资源，促使企业在动荡多变的环境中利用战略和运营重组并对变化做出反应从而改善企业多方绩效的过程（Lee et al.，2013）。

控制机制被定义为"组织间调节伙伴行为、鼓励交流的关系安排"，并被划分为三个属性：过程控制、结果控制和社会控制。过程控制是企业利用规范的行为监督方式，监控合作伙伴的行为并达到预期结果，以指导合作企业的发展方向。Zott 等认为，企业的动态能力是在学习过程中形成的，因此企业可以通过监督行为和与伙伴合作的规范流程来帮助双方管理组织在合作流程和组织之间的学习动态能力，从而促进相互学习（Zott and Strategic，2010）。结果控制是指企业通过设定目标和绩效标准，监控可供合作伙伴产出结果的程度，使其为完成绩效目标而产生压力感。在战略管理中，动态能力的实现有利于企业构建竞争优势并获得有利的战略位置（林康康、柯振埜、蒋琬，2010）。可见企业设置共同的绩效目标标准，激发合作方完成绩效目标的内部竞争关系，使动态能力在结果控制中得以充分体现（Eisenhardt and Sull，2024）。社会控制是指在互动中产生有利于企业互动和相互理解的关系，通过建立信任、互惠和奖励来激励合作方加强组织环境层面的自我控制。Dosi 认为，动态能力是一种关键的辨别市场机会的能力，这种能力能够有效地配置自己的资源和能力（Dosi，1997）。而具有高互动性的社会控制意味着与合作方紧密的联系，紧密的合作关系被认为可以帮助企业基于互惠互通发现新的机会。

本书将供应链弹性定义为为供应链中断做好准备和应对的策略，并将其分为主动弹性（Proactive Resilience）和反应弹性（Reactiv Resilience）。主动弹性是指在计划中断的情况下，维持供应链功能和持续运行的能力。基于Teece 开发的动态能力研究框架（Teece，2007），Christopher 和 Lee 指出在供应链中，"感知"与可见性统一，即能够监测上游和下游的库存、需求和供应条件以及生产和采购的准确信息（Christopher and Peck，2004；Lee，2004）。可视性一直被认为是风险和中断管理的关键（Kauppi et al.，2016）。Lee 和 Rha 将可见性作为动态能力建设过程中的"感知"阶段（Lee and Rha，2013）。本书将主动弹性归入动态能力建设过程中的感知环节，有助于供应链动态能力的增强，以改善结果并提高运营能力（Zott and Strategic，2010）。反应弹性是指在发生意外变化和意外事件时快速响应的能力。在动态能力创建的感知环节之后，企业进入"攫取"环节，包括为了开发新机会而及时做出决策的能力（Teece，Pisano and Shuen，1997）。还有学者指出敏捷性与动态能力创建过程中的"攫取"一致，敏捷性是供应链对动态市场做出快速且准确响应的能力，易产生或保存竞争优势（Kauppi et al.，2016）。Lee 和 Rha 也将敏捷性与 Teece 动态能力建立的"攫取"相匹配（Lee and Rha，2013）。综上所述，本书将动态能力构建的"攫取"视为反应弹性，快速响应消费者需求，并实现与供应商和合作伙伴的有效整合。本书假设控制机制的三个维度正向影响供应链弹性，供应链弹性的两个维度正向影响企业可持续绩效，且还假设供应链弹性的主动弹性和反应弹性在控制机制的每个维度对企业可持续性三重绩效的关系中都起中介作用。

一、控制机制和供应链弹性

过程控制强调企业在合作过程中通过行为规范的方式监控合作伙伴的行为或达到其预期结果所使用的方式的程度，并通过监管合作企业的行为为其指明发展方向（Kaitlin and Christopher，2015）。采用过程控制机制的企业指定并阐明了其合作伙伴为实现目标而应遵循的程序和方法。这就要求企业必须收集信息和知识，以减少供应链实践活动和流程中任何参与方之间可能产生的分歧，从而更好地了解其合作伙伴的运营结构。结构清晰化增加了供应链整体系统流程中风险的可见性。可见性又被认为是弹性供应链主动能力的关键因素；它能够检测潜在的中断，并在事件发生前提高透明度。一般来说，具有高可见性的供应链被认为是为潜在的风险和中断做好了更好的准备。因此，过程控制可以通过提高可见性来提高主动弹性能力。此外，过程控制机制包括制定具体规则和程序以及监控供应链伙伴的行为，这些属性使过程控制可以减少对生产及供应链流程中各种行为的误解及冲突（Kim，2014）。Liu等学者指出，过程控制支持及时检测生产过程中的小偏差（Liu，Li and Zhang，2010）。因此，应在可能出现的中断或风险升级为无法控制的事件之前及时地识别和解决问题（Zouari，Ruel and Viale，2020）。通过及时的信息反馈和行为矫正，可以使操作系统回到正轨从而保障主动弹性的建立。因此，我们提出假设 H1a。

H1a：过程控制对主动弹性有积极的影响。

反应弹性要求企业在遇到干扰时迅速思考和采取行动。过程控制侧重于通过直接观察、每周进度报告和定期会议来监测供应商的行为和活动。这些控制安排给合作方之间提供了高质量的定期对话（Stouthuysen，Slabbinck and Roodhooft，2012），使破坏性事件在发生后被快速识别。过程控制也可以使企业快速响应变化，因为反馈给企业需要过程控制提供及时且高质量的信息和实用的业务建议（Jia et al.，2020）。这部分信息用以支持响应中断，通过促进联合开发解决方案管理意外情况。此外，企业通过构建标准程序来实行全面性计划，过程控制也创建了对特定的人问责的特定任务制（即问责制）（Langer and Mani，2018）。因此，我们发现通过及时的信息交换和明确的责任，过程控制可以提高供应链对意外事件的反应能力，而快速响应能力是反应弹性的另一个重要因素（Jia et al.，2020）。因此，我们提出假设 H1b。

H1b：过程控制对反应弹性有积极的影响。

在买方与供应商关系中采用结果控制的企业需要制定明确的目标。如质量、功能规格、交付时间和预算（Stouthuysen，Slabbinck and Roodhooft，2012），从而尽量减少合作伙伴的道德风险，并减少供应链内部中断。目标的明确描述迫使供应链合作伙伴想方设法避免工作中的错误和延迟（Rijsdijk and Van den Ende，2011）。此外，企业可以设定完成目标的奖惩措施，推动供应链合作伙伴为各自的职能负责（Liu，2015）。相当于企业通过激励供应链合作伙伴为潜在的中断做好准备来降低供应链中断的可能性。因此，供应链绩效即使在紧急情况下也不会大幅度偏离目标，这是主动弹性的一个重要特征（Cheng and Lu，2017）。基于上述考虑，我们提出假设 H2a。

H2a：结果控制对主动弹性有积极的影响。

结果控制允许供应链合作伙伴决定如何实现特定的目标（Stouthuysen，Slabbinck and Roodhooft，2012）。企业为合作伙伴提供相当大的自由并授与决策权（Rijsdijk and Van den Ende，2011）。在没有冗余或跨组织边界的不必要的管理活动的情况下，结果控制可以提高供应链合作伙伴处理意外事件的速度，并使合作伙伴快速找到最小化中断影响的方法（Liu，2015）。此外，由于结果控制关注最终结果，所以供应链成员不会陷入漫无目的的混乱；相反，他们将关注关键的绩效指标，并在面临中断时制定目标明确的应对策略（Cheng and Lu，2017）。因此，明确的结果目标和灵活的决策过程支持对中断的快速反应，并使企业及时从灾难中恢复过来，是反应弹性的重要属性之一（Li et al.，2017；Mubarik et al.，2022）。因此，我们提出假设 H2b。

H2b：结果控制对反应弹性有积极的影响。

通过建立一种与合作伙伴高频率地互动和交流为特征的关系，社会控制促进了可靠和多样化的信息流动（Wallace and Choi，2011）。信息交换使企业能够主动识别可能阻碍其业绩的潜在中断（Liu，2015），在这种情况下，企业能够更好地保持经营的稳定性和稳健性（Mubarik et al.，2022），这在一定程度上反映了供应链的主动弹性。高水平的信任是社会控制的另一个主要特征。它允许企业使供应链合作伙伴按照双方的利益行事，而不会做出机会主义行为。相比之下，供应链合作伙伴之间缺乏信任会导致透明度降低。因此，社会控制可以减少冲突的发生，进一步提升供应链的稳定性，而能够保证其运行稳定的供应链具备更高的主动弹性。基于以上讨论我们提出假设 H3a。

H3a：社会控制对主动弹性有积极的影响。

社会控制通过供应链合作伙伴之间的密切沟通，促进有价值、可靠甚至隐性的知识和信息的转移（Stouthuysen，Slabbinck and Roodhooft，2012）。一方面，知识和信息共享可以增强决策能力，使企业能够快速应对供应链中断（Wallace and Choi，2011）。另一方面，企业从获得的知识和知识中的组织间学习产生创造性和创新的想法，以处理发生在供应链中的意外事件（Mubarik et al.，2022）。反应弹性突出了快速响应并从中断中恢复的能力（Jia et al.，2020），因此，社会控制导致的决策能力和创新能力的增强有利于提升反应弹性。此外，通过采用社会控制机制，供应链合作伙伴采用相似的文化、价值观和愿景，采用相似的解决问题的方法，并致力于实现共同的目标。一旦发生中断，供应链合作伙伴之间强烈的识别感支持及时协作（Jia et al.，2020），质量标准、规格、时间或价格方面的任何分歧都可以迅速解决，进一步加强合作伙伴之间的理解和沟通，同时避免烦琐和不必要的程序和规则（朱新球、程国平，2011）。这使供应链能够更快、更有效地应对意外事件，具有更高的弹性（Wallace and Choi，2011）。因此，我们提出假设 H3b。

H3b：社会控制对反应弹性有积极的影响。

二、供应链弹性和企业可持续绩效

主动弹性的实施通常发生在准备阶段，即在破坏性事件发生之前（Wallace and Choi，2011）。为了维持供应链的功能和持续的运行，企业需要增强自身的能力以防止中断或承受潜在变化的影响（Tang，2006）。一家具有高度主动弹性的公司如果做好了供应链准备工作，如制订应急计划。就可以避免紧急情况造成的经济损失（Lee，2004）。Tenhiälä 和 Salvador 强调需要一个正式的沟通渠道来应对中断并提高弹性能力。构建供应链弹性的决定性因素之一就是危机情况下对竞争需求及时作出响应（朱新球、程国平，2011；Shekarian et al.，2019）。Jüttner 和 Maklan 在解释成功企业于全球金融危机期间的弹性能力时指出，有弹性的企业能够比非弹性企业更快地响应环境变化（Jüttner and Maklan，2011）。企业获取竞争优势的方式有很多，其中较为特殊的是运用一种可以快速响应环境变化的特殊能力。Sawik 指出在弹性能力背后真正管理其利害关系的是它所在的组织，通过积极主动地构建弹性，将弹性转变为一种竞争优势，而不仅仅是将其作为应对中断事件的防御性反应（Sawik，2013）。此外，主动弹性通常要求供应链合作伙伴朝着共同目标采取措施（Bode and Macdonald，2016）。一旦出现风险，合作伙伴将在供应链层面进行合作，以优化双方的价值创造（Carvalho，Azevedo and Cruz-Machado，2012），由此企业的财务业绩也可以得到改善。因此我们提出假设 H4a。

H4a：主动弹性对经济绩效有积极的影响。

主动弹性通常包括建立一个应对中断的早期预警系统（Wieland and Wallenburg，2013；Mubarik et al.，2021），这对预防和控制环境事故非常有效。通常情况下，在潜在的中断发生之前早期预警系统在准备阶段通过收集相关的环境信息、监测环境风险、识别由风险引起的偏差等方式发挥作用。在环境事故发生前提醒决策部门采取相应的控制措施。该系统可以保证环保性能。弹性的主动性定义被大多数研究学者认为具有预防性，反映了所谓的"弹性3R"：系统的准备、响应和恢复（Speier and Whipple，2015）。具有较高弹性的企业在不确定性较高的情况下能够更好地维持和保护其运营（Teece，2007）。此外，具有主动弹性的企业有能力改变生产和运营流程，以确保应急准备（Li et al.，2017）。Lee 和 Min 指出，企业可以通过改变其生产过程来减少对自然环境的负面影响，从而提高其环境性能（Lee and Min，2015）。优化生产运行过程相关应急预案，提高工作效率，减少资源损失（Huang and Li，2017）。基于以上讨论，我们提出假设 H4b。

H4b：主动弹性对环境绩效有积极的影响。

动态能力被认为是一种改变工作惯例的能力（熊胜绪，2011）。重视主动弹性的企业会积极对现有工作流程进行优化以有意识地提高其社会价值（Cruz and Liu，2011），提高员工满意度、归属感和社会认可度，从而提高社会绩效（Simpson and Power，2005）。例如，劳动关系是用来评估社会绩效的一个常用属性，也是破坏性风险的来源之一，如劳动罢工。一家具有高度主动弹性的企业会通过在劳动合同中提供充分保障，保护员工在生产制造过程中的健康和安全来密切关注劳动关系（Stock，2014）。主动弹性包括尽管中断但仍继续运营（Li et al.，2017）。当企业不受人为灾害和自然灾害等破坏性事件的影响时，他们就可以从竞争者中脱颖而出，从而提高自身在社会方面的竞争优势。一家准备充分的企业能够在破坏性事件中幸存下来，并赢得公众的信任和赞扬。因此，我们提出假设 H4c。

H4c：主动弹性对社会绩效有积极的影响。

在供应链系统中，受变幻莫测的市场的影响，动态能力的结果是不可预测的（Eisenhardt and Martin，2000）。这意味着，面对一个不确定的环境，企业需要更快、更有效地行动，以尽快获得资源，对中断问题做出反应（Mukherjee et al.，2013）。反应弹性使企业能够快速有效地应对干扰，从而提升经济绩效。企业的反应弹性能力可以反映在中断发生后的响应阶段（Fiksel，2006）。反应能力的概念关注系统对中断的反应，而不强调其准备情况（Lee，2004；Rice and Caniato，2003；Pettit，Croxton and Fiksel，2013）。在生产合作系统中，组织可以将弹性实践视为运营或战略能力（Brusset and Teller，2017）；与主动弹性相比，反应弹性以快速但暂时的方式突出了对意外变化或紧急情况的动态调整（Hamel and Vlikangas，2003）。当发生紧急情况时，企业可以迅速采取措施以避免经济损失（Jia et al.，2020）。Sheffi 和 Rice 以及 Ponomarov 和 Holcomb 的研究指出，根据组织对中断的响应情况和恢复能力能够形成供应链弹性在反应方面的能力（Ponomarov and Holcomb，2009）。反应弹性的定义将这些实践表现为运营能力，使企业能够调整运营活动以获得竞争优势（Hamel and Vlikangas，2003；Manning and Soon，2016）。因此，具有较高的反应弹性的企业可以简化其操作和供应链流程，从而减少产品开发周期和交付时间，准时交付，并根据中断引起的变化积极响应客户，由此企业的经济绩效得到保障（Gunasekaran and Ngai，2005）。基于以上讨论，我们提出假设 H5a。

H5a：反应弹性对经济绩效有积极的影响。

Lee 和 Rho 从熊彼特创造性破坏的视角出发认为动态能力是企业竞争优势的来源。Ianisti 和 Clark 认为企业整合能力尤其是资源和技术的整合能力就是企业的动态能力。在供应链系统中反应能力的建立是以其组织响应及恢复能力为基础（Manning and Soon，2016）。供应链响应关注在尽可能短的时间内以最小的影响缓解中断（Brusset and Teller，2017）。具备中断情况下能够及时对市场需求做出响应的能力是形成供应链弹性的决定性因素之一（朱新球、程国平，2011）。具有良好反应弹性的企业能够及时识别和处理环境问题（如突发性污染事故）。环境污染会对公司的环境绩效产生负面影响（Porter and Van der Linde，1995）。当环境问题出现时，反应弹性使公司能够立即做出反应并将企业人力资源、物质资源与先进环境处理技术快速整合以避免负面影响。此外，快速响应意味着调整运行和供应链流程或升级生产技术，以减少有害物质的使用，减少污染物排放、提高资源利用效率和进行废物回收（Chen，2008；Chiou et al.，2011）。在环境问题解决后，优化的工艺和技术将提高未来生产过程中的环境性能。基于以上讨论，我们提出假设 H5b。

H5b：反应弹性对环境绩效有积极的影响。

从 Teece 提出的动态能力观点来看，"重新配置"基于"感知"和"攫取"，是进一步提升动态能力的关键（Teece，2007）。相应地，企业应该重新组合，重新部署和配置其资产和组织结构，以获得更多资产来管理和控制风险，确保销售稳定增长以及绩效的持续改善。供应链的中断可能会导致许多社会问题，如减薪、裁员和失业率上升。具有较强反应弹性的公司会积极调整破坏性因素，并减少破坏性因素的负面影响。这样的企业确保了员工的基本福利和就业，也提高了其社会绩效。例如，流行病的爆发不仅威胁到员工的健康和安全，还会影响企业的经营和业务。一个具有较高反应弹性的企业会积极解决员工健康问题并减轻流行病影响，为员工提供指导和援助。此外，一些企业倾向于向公众捐赠医疗材料，在极端情况下为人们的生活提供基本生活用品。破坏性事件发生后，上述行为会增强公众对企业的信心，建立良好的企业形象，增强公众对品牌的忠诚度，最终提高企业的社会绩效（Soana，2011）。因此，我们提出假设 H5c。

H5c：反应弹性对社会绩效有积极的影响。

三、供应链弹性的中介效应

根据动态能力理论以及上述假设推理，我们发现过程控制可以通过及时的信息反馈和行为纠正影响供应链的主动弹性，从而使合作双方的价值创造和财务收益得到保证和优化，进而对企业经济绩效产生影响；过程控制还可以通过信息反馈和行为纠正影响供应链的主动弹性，进而改善生产环境问题，从而使企业环境绩效的问题能够及时地被发现并得到解决；过程控制可以通过对影响供应链主动弹性的及时信息反馈和行为矫正来提升其社会绩效，从而赢得社会认同、有利于福利体系改善而提前建立和完善劳动合同；结果控制影响主动弹性是为了使合作双方的价值创造最大化，通过准备潜在的中断和制定明确的结果导向目标，保证财政收入，进而对企业的经济绩效产生影响；结果控制影响主动弹性是通过为潜在的中断做准备，制定明确的结果导向目标，进而改善企业在生产环境中的表现，发现并及时解决不利的环境问题；结果控制通过为潜在中断做准备，制定明确的结果导向目标来影响主动弹性，从而事先建立有利于福利制度的劳动合同，以赢得社会认同，提高其社会绩效；社会控制通过合作伙伴之间进行高频率的互动，提高供应链稳定性，影响主动弹性，从而使合作双方的价值创造得到优化，财务收益得到保证，进而对企业的经济绩效产生影响；社会控制能够提高影响主动弹性的供应链稳定性，通过合作伙伴间的高频互动，使企业能够及时发现并解决生产环境不利的问题；社会控制可以通过合作伙伴之间的高频互动，提高影响主动弹性的供应链稳定性，从而建立完善的劳动合同，使其社会绩效得到改善，从而赢得社会认同。因此，我们提出假设 H6～H8。

H6：主动弹性在过程控制与（a）经济绩效、（b）环境绩效和（c）社会绩效之间起中介作用。

H7：主动弹性在结果控制与（a）经济绩效、（b）环境绩效和（c）社会绩效之间起中介作用。

H8：主动弹性在社会控制与（a）经济绩效、（b）环境绩效和（c）社会绩效之间起中介作用。

过程控制可以进一步阻止财务损失的发生，从而快速应对干扰和风险，提高经济绩效；过程控制可以通过提高供应链对突发事件的快速反应能力来影响反应弹性，识别并及时处理减少污染物排放的环境问题，减少能源损耗，从而对企业的环境绩效产生影响；过程控制可以通过提高供应链对突发事件的快速反应能力，如及时解决企业社会性问题、提升企业形象、承担社会责任等，来影响企业的社会绩效；通过明确的结果目标和灵活的决策过程，结果控制可以支持快速响应中断，从而使企业及时从灾难中恢复过来，影响供应链的反应弹性，快速应对干扰和风险，进一步减少财务损失，提高经济绩效；通过明确的结果目标和灵活的决策过程，结果控制能够支持快速响应中断，从而对影响企业环境性能、降低污染物排放、降低能源损耗的环境问题进行识别和处理，使供应链的反应弹性受到影响，企业能够及时从灾难中恢复过来；结果控制可以通过明确的结果目标和灵活的决策过程来支持对中断事件的快速反应，使企业能够及时从灾难中恢复并影响供应链的反应弹性，从而及时解决裁员、降薪、影响企业社会绩效等社会性问题。社会控制通过对供应链合作伙伴密切沟通的控制，使其迅速应对风险和干扰，减少财务损失，改善经济绩效；社会控制通过控制供应链合作伙伴之间的紧密沟通，使其对风险做出快速反应，从而识别并及时处理污染物排放和能源损失等影响企业环境绩效的问题；以及及时解决裁员、降薪、承担社会责任等影响企业社会绩效的企业社会性问题，从而提升企业形象。因此，我们提出假设H9~H11。

H9：反应弹性在过程控制与（a）经济绩效、（b）环境绩效和（c）社会绩效之间起中介作用。

H10：反应弹性在结果控制与（a）经济绩效、（b）环境绩效和（c）社会绩效之间起中介作用。

H11：反应弹性在社会控制与（a）经济绩效、（b）环境绩效和（c）社会绩效之间起中介作用。

综上所述，本书理论假设模型如图6.2所示，共包括三组假设，分别对应：控制机制的三个维度作为自变量对供应链弹性两个维度的影响作用（H1a、H1b、H2a、H2b、H3a、H3b）；供应链弹性的两个维度作为自变量对企业经济、环境、社会绩效的作用（H4a、H4b、H4c、H5a、H5b、H5c）；以及主动弹性与反应弹性在控制机制的三个维度与企业可持续绩效三个维度

之间分别的中介作用（H6a、H6b、H6c、H7a、H7b、H7c、H8a、H8b、
H8c、H9a、H9b、H9c、H10a、H10b、H10c、H11a、H11b、H11c）。

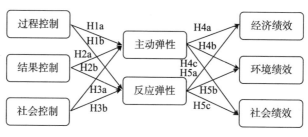

图6.2 研究假设模型

第二节 研究设计

一、样本选择与数据收集

为了对假设模型进行测试，本书采用问卷调查的方式采集了中国制造业
企业的数据。将中国制造业企业作为调查对象的原因大致有以下几个方面：
（1）我国制造业的产能规模庞大，到2022年已经成为全球制造业的领头羊。
然而，整体上仍然展现出一种"高投入、高污染、高消耗、低效益"的发展
模式。这种发展模式导致中国制造业企业在当前的国内外环境下（包括碳达
峰、新技术革命、全球竞争加剧、中美关系紧张以及人工智能时代的到来）
面临着利润流失、能源消耗增加、环境污染加重、要素约束和贸易摩擦等多
重挑战。为此，中国制造企业正在积极探索各种工具和方法以解决经济、环
境和社会问题（Yang et al.，2022）。（2）中国政府通过推动产业升级、优化
区域分工、构建绿色制造体系等举措，鼓励制造企业坚持新的发展理念，使
制造业的发展成果造福全体人民，打造全球制造业竞争优势，加快经济转型
升级，推进制造业可持续发展战略。在这样的政策支持下，中国制造企业积
极做出回应。努力扩大和加强制造业，促进制造业的长足发展（戴翔、杨双
至，2022）。（3）国家发展和改革委员会表示，将加强监测和预警重要产业链

供应链的安全稳定风险，以确保供应链安全。在过去的几年中，制造业体系的优势、分工地位、创新能力以及绿色技术装备水平都在稳步提升。在这个过程中，积极推进创新，优化流程，并承担社会责任。这一措施体现了政府对供应链弹性的重视，特别是在全球化背景下，供应链安全成为国家安全体系的重要组成部分。2023 年，我国政府在供应链弹性方面的文件和措施主要集中在提升供应链的安全性、弹性和创新能力上，以及通过政策引导和支持，促进供应链产业链的稳定循环和优化升级。这些措施都体现了政府对供应链弹性重要性的认识和对经济高质量发展的追求。综上所述，中国制造业既有现实需求，也有阶段性成果输出，供应链弹性与可持续问题的联系被中国制造业作为研究对象得到很好的解释，研究结果也可以在当前国内外复杂多变的市场环境中，为中国制造企业提供持续提升业绩的指导性建议。

本书采用问卷调查的方法来验证不同变量之间的关联程度，并通过收集数据同时获取多个变量的信息（Lee and Shim，2007）。根据以往研究，我们开发了一个针对组织控制机制、供应链弹性和企业可持续绩效的问卷。使用已有的成熟量表来对所有研究变量进行量化，同时采用 Likert-7 点量表来进行具体测量。四位双语研究人员负责对问卷进行翻译和核对，以确保概念的对等性。该问卷经过 20 名管理者的预测试，并按照拟定的抽样程序创建了一个在线调查（Dillman and Hoboken，2007）。根据用户反馈，对翻译问题进行了调整，以确保受访者准确理解，提高量表的精度。研究确保只向制造企业的高级管理人员发送正式问卷，并采取上述方式来控制数据质量。由于这些管理人员具有更丰富的企业运营知识，对信息系统在企业战略和业务中的关键作用更清晰的认识，以确保问卷填写的质量。我们通过电子邮件将问卷分发给样本公司的中高层管理人员，并附上调查目标和保密声明。最后，共发放 2591 份问卷，回收并获得有效问卷 322 份，可接受的回复率为 12.43%。

二、变量测量

研究变量包括控制机制、供应链弹性和企业可持续绩效。在进行量表选择和设计时，我们优先考虑已经被学术界广泛应用的成熟量表和指标，然后根据研究背景对量表中的题项语句进行调整，使其更贴合研究需求。为了确保测量的精度，均采用 Likert-7 点量表进行测量。在选择量表时，本书重点考虑三个重要原则：（1）选用最符合研究目的的量表；（2）选择受访者接受程度较广的量表；（3）选择信度和效度较好的量表。为了保证国外量表在中国制造企业受访者中的有效性，研究采用反向翻译方法，即通过英汉互译、讨论诊断、专家访谈等，确保量表设计的合理性和有效性，最终得到一份符合信度和效度标准的问卷，方便受访者理解。

　　本书在评估企业可持续绩效时，分别从经济、环境和社会绩效方面进行衡量，对应三个变量（Carter and Rogers，2008），如表 6.1 所示。基于 Li 等人提出的四个具体题项，经济绩效评估从企业销售收入、利润率、投资回报率和市场份额几个重要指标的增长方面进行综合评价（Li，Dai and Cui，2020）；基于 Li 等人提出的四个具体题项，企业的环境绩效从废气、废水排放，固体废物生成以及环境改善方面来评估（Li，Dai and Cui，2020）；基于 Dwivedi 等人提出的三个具体题项，社会绩效从企业在完成社会性战略、满足社会目标和创造社会价值方面来评估（Dwivedi et al.，2022）。

表 6.1　企业可持续绩效的测量题项

变量	维度	编号	题项
企业可持续绩效	经济绩效（EP）	EP1	市场份额增长
		EP2	投资回报增长
		EP3	销售回报增长
		EP4	利润增长
	环境绩效（ENP）	ENP1	减少用水
		ENP2	减少能源使用
		ENP3	减少固体废物
		ENP4	减少排放
	社会绩效（SP）	SP1	提高员工的素质
		SP2	确保职业健康和安全
		SP3	形成良好的公众形象

过程控制是指企业监控合作伙伴行为或达到期望结果所使用方式的程度；企业通过对合作伙伴的绩效成果进行监控和评估，以实现结果控制。社会控制是指在组织环境中建立一种鼓励合作伙伴自我管理的机制。结果控制和过程控制都属于正式控制，社会控制属于非正式控制，三种控制方式共同构建企业间的关系（邓春平、李晓燕、潘绵臻，2015）。根据 Aulakh 等学者的调查，控制机制可以分为过程控制、结果控制和社会控制。在正式控制中，结果控制和过程控制各有四个测量项，在非正式控制中，社会控制也有四个测量项（Eisenhardt，1985），如表 6.2 所示。

表 6.2　控制机制的测量题项

变量	维度	编号	题项
控制机制	过程控制（PC）	PC1	我们告诉供应商如何进行某些活动
		PC2	我们帮助供应商改进进行某些活动的方式
		PC3	我们监控供应商进行某些活动
		PC4	我们评估供应商如何进行某些活动并提供反馈
	结果控制（OC）	OC1	我们为供应商制定了具体和明确的绩效目标
		OC2	我们监控为供应商设定的具体绩效目标的实现情况
		OC3	我们将供应商的奖励与目标的实现联系起来
		OC4	我们向供应商提供关于他们达到目标的程度的反馈
	社会控制（SC）	SC1	我们与供应商有共同的文化和价值观
		SC2	我们与供应商一起努力实现共同目标
		SC3	我们与供应商密切合作以完成某些任务
		SC4	我们与供应商共同进行调整以适应持续的变化

关于供应链弹性的量表题项，供应链弹性可以分为主动弹性和反应弹性，主动弹性关注预防风险的发生，而反应弹性则侧重在风险发生后的快速响应和恢复能力。根据文献研究我们设计主动弹性包括四个题项（Li et al.，2017），反应弹性四个题项（Jia et al.，2020），如表 6.3 所示。

表 6.3　供应链弹性的测量题项

变量	维度	编号	题项
供应链弹性	主动弹性（PR）	PR1	工作中的操作能够持续
		PR2	业绩不会明显偏离目标
		PR3	能够满足客户的需求
		PR4	供应链能够发挥其常规功能
	反应弹性（RR）	RR1	能够迅速认识到威胁局势
		RR2	能够快速分析和评估潜在的供应链中断的可能性和影响
		RR3	能够迅速制定出一套应对供应链中断的措施
		RR4	能够应对供应链中断所带来的变化

三、预测试

此项研究在正式问卷发放前进行了预测试，主要目的是检验被调查对象是否适合参与问卷调查以及评估问题题项的语义是否精准、清晰易懂。通过 KMO 和 Bartlett 球形检查、探索性因子分析和信度分析对量表做进一步调整，以确保测量题项的有效性和合理性。面向中国制造企业的中高层管理者，我们通过邮件发送 20 份问卷，20 份问卷全部收回，回收率及有效率均为 100%。

利用回收的预测试数据，本书首先进行了量表的效度分析。具体操作步骤为：对量表进行 KMO 和 Bartlett 球形检验，若结果显示 KMO 值不低于最低标准 0.5，且 Bartlett 球形检验的 p 值在 0.05 水平显著，则可认为量表各题项之间适合进行探索性因子分析。使用主成分分析方法和正交旋转方法进行探索性因子分析，如果旋转后的因子载荷矩阵中某个因子的载荷值小于 0.5，表明该题目无法很好地解释其所属维度，则该题项需要调整。在预测试过程中，还需要对量表进行信度检验和基于克朗巴哈系数（Cronbach's α）来评估其测量结果的一致性和稳定性。如 Cronbach's α 大于 0.7，矫正后的项目总计相关性（CITC）大于 0.4，且删除项后的 Cronbach's α 没有显著提高，则说明量表

信度良好

（一）企业可持续绩效量表检验

本书将企业可持续绩效包含的经济绩效、环境绩效和社会绩效作为一阶变量直接检验量表信效度。表 6.4 为经济、环境和社会绩效对应的 KMO 和 Bartlett 球形检验结果，其中 KMO 值分别为 0.863、0.796 和 0.739，均大于临界值 0.5，Bartlett 球形检验也均满足 0.05 的显著要求，可见经济、环境和社会绩效量表适合进行探索性因子分析。

表 6.4 企业可持续绩效量表的 KMO 和 Bartlett 球形检验

变量	检验		结果值
经济绩效	KMO 取样适切性量数 Bartlett 球形检验		0.863
		χ^2	230.217
		df	10.000
		Sig	0.000
环境绩效	KMO 取样适切性量数 Bartlett 球形检验		0.796
		χ^2	140.325
		df	7.000
		Sig	0.000
社会绩效	KMO 取样适切性量数 Bartlett 球形检验		0.739
		χ^2	160.894
		df	6.000
		Sig	0.000

探索性因子分析得到的经济、环境和社会绩效量表的主成分矩阵如表 6.5 所示。其中所有题项的因子载荷值均聚拢在其归属的主成分下，且所有题项的因子载荷值均大于临界值 0.5，说明量表效度较好。

表 6.5　企业可持续绩效量表的主成分矩阵

变量	维度	题项	成分
可持续绩效	经济绩效	EP1	0.843
		EP2	0.706
		EP3	0.847
		EP4	0.794
	环境绩效	ENP1	0.891
		ENP2	0.772
		ENP3	0.743
		ENP4	0.856
	社会绩效	SP1	0.813
		SP2	0.739
		SP3	0.702

　　企业可持续绩效的信度检验结果如表 6.6 所示，所有供应链探索题项的 CITC 值范围为 0.564～0.835，最小值大于阈值 0.4，所有题项删除项后的 Cronbach's α 与总体的 Cronbach's α 相比也未明显提高，证明供应链探索量表具有良好的信度。

表 6.6　企业可持续绩效量表信度检验结果

变量	题项	CITC	删除项后的 Cronbach's α	Cronbach's α
经济绩效	EP1	0.755	0.737	0.776
	EP2	0.672	0.659	
	EP3	0.685	0.750	
	EP4	0.712	0.849	
环境绩效	ENP1	0.637	0.767	0.749
	ENP2	0.564	0.709	
	ENP3	0.643	0.763	
	ENP4	0.710	0.731	
社会绩效	SP1	0.767	0.679	0.667
	SP2	0.794	0.672	
	SP3	0.835	0.685	

（二）控制机制量表检验

本书将控制机制包含的过程控制、结果控制和社会控制作为独立变量直接检验量表信效度。表 6.7 为过程控制、结果控制和社会控制对应的 KMO 和 Bartlett 球形检验结果，其中 KMO 值分别为 0.802、0.789 和 0.602，均大于临界值 0.5，Bartlett 球形检验也均满足 0.05 的显著要求，可见过程控制、结果控制和社会控制量表适合进行探索性因子分析。

表 6.7 控制机制量表的 KMO 和 Bartlett 球形检验

变量	检验		结果值
过程控制	KMO 取样适切性量数 Bartlett 球形检验		0.802
		χ^2	100.209
		df	9
		Sig	0.000
结果控制	KMO 取样适切性量数 Bartlett 球形检验		0.789
		χ^2	180.357
		df	7
		Sig	0.000
社会控制	KMO 取样适切性量数 Bartlett 球形检验		0.602
		χ^2	120.032
		df	6
		Sig	0.000

探索性因子分析得到的过程控制、结果控制和社会控制量表的主成分矩阵如表 6.8 所示，其中所有题项的因子载荷值均聚拢在其归属的主成分下，且所有题项的因子载荷值均大于临界值 0.5，说明量表效度较好。

表 6.8 控制机制量表的主成分矩阵

变量	维度	题项	成分
控制机制	过程控制	PC1	0.826
		PC2	0.739
		PC3	0.802
		PC4	0.744
	结果控制	OC1	0.781
		OC2	0.703
		OC3	0.699
		OC4	0.886
	社会控制	SC1	0.823
		SC2	0.739
		SC3	0.731
		SC4	0.702

控制机制的信度检验结果如表 6.9 所示，所有供应链探索题项的 CITC 值范围为 0.602~0.867，最小值大于阈值 0.4，所有题项删除项后的 Cronbach's α 与总体的 Cronbach's α 相比也未明显提高，证明供应链探索量表具有良好的信度。

表 6.9 控制机制量表信度检验结果

变量	题项	CITC	删除项后的 Cronbach's α	Cronbach's α
过程控制	PC1	0.673	0.737	0.673
	PC2	0.688	0.686	
	PC3	0.602	0.795	
	PC4	0.714	0.801	
结果控制	OC1	0.631	0.767	0.709
	OC2	0.654	0.706	
	OC3	0.602	0.732	
	OC4	0.776	0.759	

变量	题项	CITC	删除项后的 Cronbach's α	Cronbach's α
社会控制	SC1	0.799	0.831	0.708
	SC2	0.867	0.863	
	SC3	0.865	0.701	
	SC4	0.721	0.793	

（三）供应链弹性量表检验

本书将供应链弹性包含的主动弹性和反应弹性作为独立变量检验量表信效度。表 6.10 为主动弹性和反应弹性对应的 KMO 和 Bartlett 球形检验结果，其中 KMO 值分别为 0.833 和 0.749，均大于临界值 0.5，Bartlett 球形检验也均满足 0.05 的显著要求，可见主动弹性和反应弹性量表适合进行探索性因子分析。

表 6.10　供应链弹性量表的 KMO 和 Bartlett 球形检验结果

变量	检验		结果值
主动弹性	KMO 取样适切性量数 Bartlett 球形检验		0.833
		χ^2	150.722
		df	8
		Sig	0.000
反应弹性	KMO 取样适切性量数 Bartlett 球形检验		0.749
		χ^2	90.039
		df	7
		Sig	0.000

接下来，运用 SPSS 26.0 软件进行探索性因子分析。探索性因子分析是通过 SPSS 26.0 提取出特征值大于 1 的因子，采用最大方差法对因子载荷矩阵实行正交旋转，用得到各个变量和各个潜变量维度的因子载荷数值去推测数据的因子结构。探索性因子分析得到的主动弹性和反应弹性量表的主成分矩阵如表 6.11 所示，其中所有题项的因子载荷值均聚拢在其所属的主成分下，且

所有题项的因子载荷值均大于临界值0.5，说明量表效度较好。

表6.11　供应链弹性量表的主成分矩阵

变量	维度	题项	成分
供应链弹性	主动弹性	PR1	0.733
		PR2	0.789
		PR3	0.813
		PR4	0.748
	反应弹性	RR1	0.765
		RR2	0.787
		RR3	0.698
		RR4	0.854

供应链弹性的信度检验结果如表6.12所示，所有供应链探索题项的CITC值范围为 0.532 ~ 0.882，最小值大于阈值 0.4，所有题项删除项后的 Cronbach's α 与总体的 Cronbach's α 相比也未明显提高，因而证明供应链探索量表具有良好的信度。

表6.12　供应链弹性量表信度检验结果

变量	题项	CITC	删除项后的 Cronbach's α	Cronbach's α
主动弹性	PR1	0.859	0.798	0.777
	PR2	0.681	0.853	
	PR3	0.532	0.812	
	PR4	0.882	0.867	
反应弹性	RR1	0.792	0.879	0.732
	RR2	0.864	0.609	
	RR3	0.869	0.778	
	RR4	0.795	0.835	

综上，预测试分析结果显示本书所用量表的信效度均在合理范围内，说明各变量对应量表中的题项均有效、合理且无需删减。

第三节　实证检验与结果分析

一、有效样本与描述性统计

经过预先进行的预测试和反馈验证问卷有效性，我们在专业线上平台通过付费的方式进行了正式问卷的发放，对于符合样本条件的受访对象，我们采用电子邮件的形式发送问卷链接。我们在样本特征中选择了制造业，考虑到中高层经理对公司战略和组织的了解更深，我们将样本特征栏中的职位设定为中高层管理者。为了保证研究结果的可靠性和可信度，我们还要求受访者的回答次数必须达到 1 次以上，且历史被采纳率须达到 80% 以上。此外，为了确保受访者答题的质量，还设定了最短回答时间和反向问题。问卷调查中通过签署保密协议来保护受访者数据和个人隐私。问卷发放过程中，每位受访者均会收到两封提示邮件，最终，调查问卷被随机分发给了 2591 位目标受访者。为确保数据的有效性和结果的可靠性，我们对收集到的问卷数据进行筛选，剔除了含有反向问题、不完整填写、内容不符、规律性不明或自相矛盾的问卷。最终获得了 322 份有效问卷，有效率为 12.43%。鉴于中高层管理者的回应率普遍较低，且在排除大量无效邮件地址的情况下，本研究的有效回复率与同类研究水平相当，处于可以接受的水平（王平、陈明涛、葛世伦，2021）。

目前，国内智能制造四大集聚区为华中地区和长江经济带（如湖北、重庆、福建、安徽、四川、河南）、东部沿海地区（如广东、浙江、上海、北京、天津、山东）、东北地区（如辽宁、吉林、黑龙江）和西北地区（如山西），有效的问卷涉及企业主要分布在这些地区。这些区域不仅拥有发达的制造业，还积极践行企业可持续发展理念，引领着制造业的未来发展方向。受访企业涉及多个制造业细分行业，包括出版和印刷（1.2%），电子和电气（20.8%），纺织品和服装（5.3%），工艺美术（0.6%），化学品和石化产品（6.2%），建筑材料（3.1%），金属学、机械学、工程学（17.7%）、木材、家具（0.8%），食品、饮料和酒精（9.3%），玩具（0.3%），橡胶和塑料（3.7%），制药和医疗（5.8%），珠宝（0.3%）和设备（24.5%）。超40%的受访企业年平均营业额在1000万元以上，接近70%的受访企业员工人数在300人以上，57.1%的公司的销售额低于1亿元，其余公司的销售额都高于1亿元。以上描述性统计说明来自受访企业的数据能够为研究问题提供合理的解释。此外，受访者包括采购经理（8.7%）、生产经理（9.6%）、供应链经理（15.5%）、产品经理（25.8%）、市场经理（12.1%）、研发经理（9.8%）、运营经理（10.6%）、首席执行官（3.1%）。其中，超80%的受访者在制造业企业工作6年以上。这些受访者的中高层管理者了解制造业的运营模式与供应链系统的流程，熟悉自身工作相关的供应链系统应用，研究具有说服力。有效样本的描述性统计如表6.13所示。

表 6.13 有效样本的描述性统计

变量	类别	频率	百分比（%）
工作经验	1~5 年	50	15.5
	6~10 年	61	50
	>10 年	111	34.5
职位	采购经理	28	8.7
	生产经理	31	9.6
	供应链经理	50	15.5
	产品经理	83	25.8
	市场经理	39	12.1
	研发经理	32	9.8
	运营经理	34	10.6
	首席执行官	10	3.1
	其他	15	4.7
员工人数	<100	24	7.5
	101~300	80	24.8
	301~500	62	19.3

变量	类别	频率	百分比（%）
年平均营业额（百万元）	501~1000	64	19.8
	1001~2000	44	13.7
	>2000	48	14.8
	<20	45	14.0
	20~50	59	18.3
	51~100	80	24.8
	101~400	87	27.0
	>400	51	15.8
行业	出版印刷	4	1.2
	电子和电气	67	20.8
	纺织品和服装	17	5.3
	工艺美术	2	0.6
	化学品和石化产品	20	6.2
	建筑材料	10	3.1
	金属学、机械学和工程学	57	17.7
	木材和家具	3	0.8
	食品、饮料和酒精	30	9.3
	玩具	1	0.3
	橡胶和塑料	12	3.7
	制药和医疗	19	5.8
	珠宝	1	0.3
	设备	79	24.5
合计		322	100

二、测量模型信效度分析

（一）信度分析

信度检验是一种用来判断问卷可靠性和稳定性的方法，内部一致性的程度越高，表示测量维度属于被测量变量的程度以及题项具有的信度越高。大多数学者认为 Cronbach's α 系数大于 0.6 表示结果可以接受，0.7~0.8 表示比较好，大于 0.8 表示非常好。在本书中，通过采用 SPSS 26.0 对问卷的信度进行检验，并且通过依赖 Cronbach's α 系数的具体数值对问卷的信度进行判断评估。量表中各个变量维度的 Cronbach's α 系数如表 6.14 所示。Cronbach's α 系数均大于 0.6，且所有题项均在自己所对应的测量变量维度上，因子载荷均大于 0.5，高于在其他测量变量结构的交叉载荷系数，表示量表具有良好的信度。

表 6.14　题项的描述性统计及信度指标

变量	题项	因子载荷	SE	Cronbach's α
主动弹性	PR1	0.776	0.032	0.777
	PR2	0.723	0.035	
	PR3	0.772	0.028	
	PR4	0.822	0.022	
反应弹性	RR1	0.754	0.025	0.732
	RR2	0.718	0.034	
	RR3	0.717	0.036	
	RR4	0.789	0.027	
过程控制	PC1	0.701	0.034	0.673
	PC2	0.702	0.034	
	PC3	0.762	0.03	
	PC4	0.675	0.037	
结果控制	OC1	0.759	0.031	0.709
	OC2	0.768	0.035	
	OC3	0.674	0.046	
	OC4	0.718	0.041	
社会控制	SC1	0.72	0.036	0.708
	SC2	0.74	0.036	
	SC3	0.701	0.038	
	SC4	0.758	0.029	

变量	题项	因子载荷	SE	Cronbach's α
经济绩效	EP1	0.707	0.037	0.076
	EP2	0.795	0.025	
	EP3	0.775	0.029	
	EP4	0.815	0.025	
环境绩效	EP1	0.763	0.034	0.749
	EP2	0.802	0.028	
	EP3	0.703	0.045	
	EP4	0.745	0.045	
社会绩效	SP1	0.719	0.04	0.667
	SP2	0.796	0.031	
	SP3	0.803	0.028	

（二）效度分析

验证性因子分析是用来检验一个测量变量与自己的测量题项之间的关系是否满足研究模型的要求，是对于研究中所提出的模型的检验过程，经常通过结构方程模型衡量。本书选用 AMOS 24.0 和 Smart-PLS 进行测量。效度分析能够对所采用量表的准确性进行检验，主要通过 KMO 和 Bartlett 球形检验、探索性因子分析（EFA）以及验证性因子分析（CFA）进行效度分析。

1. KMO 和 Bartlett 检验

通过采用 SPSS 26.0 的因子分析功能对模型中的每个变量维度进行因子分析，得到的 KMO 和 Bartlett 数值检验如表 6.15 所示。KMO 检验（取值为 0~1）能够比较变量间的简单相关系数和偏相关系数，越接近 1 证明越适合做因子分析。一般认为 KMO 数值大于 0.8 表示适合做因子分析，小于 0.7 表示适合程度一般，小于 0.6 表示不适合因子分析。Bartlett 检验通过检验原有变量之间的相关程度并根据相关系数矩阵的行列式计算出相应检验统计量，检验统计量数值越大对应效果越好，对应的 p 值也会小于给定的显著性水平，表明原有变量间存在较强相关性，适合做因子分析。在本书中，采用的问卷所有变量的探索性因子分析结果如表 6.15 所示。其中 KMO 和 Bartlett 检验结果为 KMO 值大于 0.6 且 p 值小于 0.05，证明数据适合做因子分析。

表 6.15　KMO 和 Bartlett 检验

变量	KMO	显著性	累计方差贡献率	因子载荷范围
主动弹性	0.833	0.000	61.517	0.763~0.823
反应弹性	0.749	0.000	65.319	0.781~0.833
过程控制	0.802	0.000	64.649	0.794~0.814
结果控制	0.789	0.000	59.710	0.737~0.819
社会控制	0.602	0.000	58.892	0.762~0.793
经济绩效	0.863	0.000	65.319	0.789~0.864
环境绩效	0.796	0.000	64.664	0.756~0.824
社会绩效	0.739	0.000	58.780	0.745~0.879

2. HTMT 标准检验

首先，基于 Fornell-Larcker 标准，每个结构的 AVE 值（对角线）的平方根高于其与其他七个结构（表 6.16 对角线以下值）的相关性（Fornell and Larcker，1981）。其次，我们使用了异性—单性相关比率（HTMT）标准。各自结构的所有 HTMT 值（见表 6.16）均低于 0.8 的阈值（Henseler，Hubona and Ray，2016；Armstrong and Overton，1977），其范围为 0.516~0.892。表明其具有良好鉴别效度。

表 6.16　Fornell-Lacker 检验

	PR	RR	PC	OC	SC	EP	ENP	SP
PR	0.774							
RR	0.671 (0.890)	0.745						
PC	0.569 (0.780)	0.611 (0.872)	0.711					
OC	0.436 (0.581)	0.479 (0.659)	0.618 (0.892)	0.731				

	PR	RR	PC	OC	SC	EP	ENP	SP
SC	0.549 (0.735)	0.606 (0.839)	0.581 (0.845)	0.583 (0.817)	0.73			
EP	0.523 (0.670)	0.559 (0.739)	0.504 (0.697)	0.469 (0.629)	0.571 (0.761)	0.774		
ENP	0.399 (0.516)	0.428 (0.571)	0.452 (0.637)	0.42 (0.584)	0.481 (0.659)	0.421 (0.552)	0.754	
SP	0.431 (0.580)	0.532 (0.751)	0.538 (0.799)	0.498 (0.719)	0.611 (0.878)	0.478 (0.648)	0.524 (0.747)	0.774

综合以上分析得出，研究所采用数据通过了效度分析。

三、共同方法偏差和无反应偏差

采用探索性因子分析（EFA）检测共同方法偏差。利用SPSS 26.0的因子分析勾选最大方差法进行检验，另外通过验证性因子分析（CFA）绘制Harman 的单因子检验来补充观测结果，如表 6.17 所示。

表 6.17　因子分析

成分	初始特征值			提取载荷平方和			旋转载荷平方和		
	总计	方差百分比	累积百分比	总计	方差百分比	累积百分比	总计	方差百分比	累积百分比
1	9.553	30.815	30.815	9.553	30.815	30.815	3.893	12.881	12.881
2	1.735	5.596	36.411	1.735	5.596	36.411	2.832	9.458	22.339
3	1.503	4.850	41.261	1.503	4.850	41.261	2.772	8.841	31.280
4	1.350	4.355	45.615	1.350	4.355	45.615	2.553	8.236	39.516
5	1.288	4.154	49.769	1.288	4.154	49.769	2.472	7.873	47.489
6	1.093	3.525	53.294	1.093	3.525	53.294	1.799	5.805	53.294
7	1.075	3.288	56.381	1.075	3.288	56.381	1.653	4.832	59.893
8	1.044	2.882	58.364	1.044	2.882	58.364	1.354	3.761	67.882
9	0.894	2.883	62.247						

成分	初始特征值			提取载荷平方和			旋转载荷平方和		
	总计	方差百分比	累积百分比	总计	方差百分比	累积百分比	总计	方差百分比	累积百分比
10	0.866	2.794	65.041						
11	0.835	2.694	67.735						
12	0.705	2.276	70.011						
13	0.692	2.232	72.244						
14	0.664	2.143	74.387						
15	0.646	2.083	76.470						
16	0.616	1.887	78.457						
17	0.575	1.853	80.310						
18	0.567	1.829	82.140						
19	0.542	1.748	83.888						
20	0.530	1.710	85.598						
21	0.508	1.638	87.237						
22	0.501	1.616	88.852						
23	0.464	1.498	90.350						
24	0.452	1.459	91.809						
25	0.446	1.439	93.247						
26	0.421	1.357	94.605						
27	0.402	1.298	95.802						
28	0.373	1.202	97.105						
29	0.339	1.093	98.198						
30	0.298	.861	99.158						
31	0.261	0.842	100.000						

可见，共有八个因子的特征值大于 1.0，共占总方差的 67.882%。第一个提取的因子显示了总方差的 12.881%（小于 40%），说明单一的变量不可以解释大部分的方差。

表 6.18　Harman 单因子检验结果

CMIN/DF	NFI	RFI	IFI	TLI	CFI	SRMR	RMSEA	RMR
3.476	0.703	0.681	0.798	0.782	0.796	0.623	0.068	0.063

从表 6.18 所显示的 Harman 的单因子模型拟合指数（CMIN/DF = 3.476，NFI = 0.703，RFI = 0.681，IFI = 0.798，TLI = 0.782，CFI = 0.796，SRMR = 0.623，RMSEA = 0.068，RMR = 0.063）可以看出指标值均不在可接受范围内，表明不存在某一因素影响的威胁。

关于无反应偏差，则采用独立样本 t 检验比较早期和晚期反应的人口统计学特征，可以对潜在的无反应偏差进行检验（Ali, Nagalingam and Gurd, 2017）。我们通过 SPSS26.0 对年平均营业额和员工数量进行了无反应偏差的检验。由结果可知，根据数据收集的前 10% 与后 10% 两组在平均年营业额（$t = 1.367$，$p = 0.678$）和员工数量（$t = 1.684$，$p = 0.603$）方面没有显著差异。因此，得出无反应偏差对我们的研究并没有重大影响的结论。

四、内生性检验

本书采用工具变量的两阶段最小二乘法（2SLS）回归分析对可能存在的内生性问题进行评估。在 2SLS 检验中，我们将年销售额和员工人数作为工具变量，他们都是企业规模的常见衡量标准。在已有的研究中，企业规模被认为是企业可持续绩效的影响因素之一，因为大公司可能拥有更多的资源和能力，并能够将资源和能力用于提升企业的可持续绩效。在模型检验中，关于控制变量对控制机制、企业可持续绩效以及供应链弹性的路径系数、显著性水平（p 值）如表 6.19 所示。可见，无论是年平均营业额还是员工人数，与企业可持续绩效均无显著相关性。

表 6.19　模型检验中控制变量系数

控制变量	因变量路径系数以及 P 值		
	控制机制（CM）	供应链弹性（SCR）	企业可持续绩效（SP）
年平均营业额	0.039（$p > 0.1$）	−0.067（$p = 0.041$）	0.022（$p > 0.1$）

续表

控制变量	因变量路径系数以及 P 值		
	控制机制（CM）	供应链弹性（SCR）	企业可持续绩效（SP）
员工人数	0.023（$p>0.1$）	0.027（$p>0.1$）	0.005（$p>0.1$）

接下来，我们首先利用所有控制变量和工具变量对 SCR 进行回归分析，由结果可以看出，年销售额对 SCR 的显著性系数小于 0.1，满足在 0.1 的水平下显著。随后，我们通过 State 计算了供应链弹性的预测值，并利用预测值、控制变量等做回归分析，进行了 2SLS 检验（见表 6.20）。可以看出，SCR 的预测值对 SP 有显著的正性影响。总的来说，2SLS 检验得到的结果与直接效应的结论一致，因此我们可以得出本研究不受内生性问题影响的结论。

表 6.20 2SLS 法内生性检验

	OLS	2SLS
	SCR	SP
员工人数[a]	0.015	
年销售额[a]	$-0.041^{\dagger}$	
CM	0.465 ***	0.554 *
SCR	0.344 ***	-0.687 *
R^2	0.421	0.293
F 值	29.47	30.82

注：$\dagger p < 0.1$，*** $p<0.001$，** $p<0.01$，* $p<0.05$；a 变量用作假设的内生性检验的工具变量。

五、假设检验与结果分析

（一）结构模型检验

在评估结构模型中的假设关系之前，我们计算了方差膨胀因子（VIF）来检验共线性。所显示的所有 VIF 值都低于阈值 3。我们基于 R^2 和 Q^2 评估结构模型的质量。计算了所有内生变量的决定系数 R^2。从表 6.21 的结果可以看出，结构模型占主动弹性的 39.6%，反应弹性的 46.9%，经济绩效的 35.2%，环境绩效的 20.6%，社会绩效的 29.3%。这些值都是令人满意和适当的，表明结构模型具有中等的解释力。交叉验证冗余度量 Q^2 的值均大于 0，范围为 0.108~0.249，进一步表明了结构模型的预测相关性。此外，我们还评估了标准化的均方根残差（SRMR）以检验整体模型的拟合性。SRMR 的值为 0.065，小于 0.08 的阈值，表明模型质量显著。

表 6.21　结构模型的质量

	R^2	Q^2
PR	0.396	0.225
RR	0.469	0.249
EP	0.352	0.201
ENP	0.206	0.108
SP	0.293	0.164

（二）直接效应检验

本书采用自举方法对结构模型中的每个假设关系进行了检验，如表 6.22 所示。过程控制对主动弹性（$\beta = 0.369$，$t = 5.558$）和反应弹性（$\beta = 0.378$，$p = 6.222$）有显著的积极影响。因此，支持 H1a 和 H1b。H3a 和 H3b 也得到了支持，路径系数分别为 0.324（$t = 5.236$）和 0.368（$t = 6.605$），表明社会控制可以促进主动弹性和反应弹性。但是，结果控制对主动弹性和反应弹性的影响不显著，因此不支持 H2a 和 H2b。此外，主动弹性对经济绩效（$\beta = 0.269$，$t = 3.562$）和环境绩效（$\beta = 0.204$，$t = 2.400$）有显著的积极影响，支持 H4a 和 H4b。反应弹性对经济绩效（$\beta = 0.379$，$t = 5.168$）、环境绩效（$\beta = 0.292$，$t = 3.189$）和社会绩效（$\beta = 0.441$，$t = 6.076$）有显著的积极影响，支持 H5a、H5b 和 H5c。然而，主动弹性与社会绩效之间关系的路径系数并不显著（$\beta = 0.135$，$t = 1.854$），不支持 H4c，说明主动弹性对社会表现没有显著影响。

表 6.22　结构模型的统计和假设

	假设	路径系数（β）	标准差	统计	p 值	VIF	f^2	推理
H1a	过程控制→主动弹性	0.369***	0.066	5.558	0.000	1.839	0.122	支持
H1b	过程控制→反应弹性	0.378***	0.061	6.222	0.000	1.843	0.146	支持
H2a	结果控制→主动弹性	0.019n.s.	0.080	0.239	0.811	1.720	0.000	不支持
H2b	结果控制→反应弹性	0.030n.s.	0.071	0.430	0.667	1.839	0.001	不支持
H3a	社会控制→主动弹性	0.324***	0.062	5.236	0.000	1.843	0.101	支持
H3b	社会控制→反应弹性	0.368***	0.056	6.605	0.000	1.720	0.149	支持
H4a	主动弹性→经济绩效	0.269***	0.075	3.562	0.000	1.817	0.061	支持
H4b	主动弹性→环境绩效	0.204**	0.085	2.400	0.016	1.817	0.029	支持
H4c	主动弹性→社会绩效	0.135n.s.	0.069	1.854	0.051	1.817	0.014	不支持
H5a	反应弹性→经济绩效	0.379***	0.073	5.168	0.000	1.817	0.122	支持
H5b	反应弹性→环境绩效	0.292***	0.092	3.189	0.001	1.817	0.059	支持
H5c	反应弹性→社会绩效	0.441***	0.073	6.076	0.000	1.817	0.152	支持

注：*** $p<0.001$，n.s. 无显著差异。

从上述假设检验的结果中还可以看出：过程控制分别对于主动弹性和反应弹性起到正向作用，H1a 和 H1b 得到了验证；结果控制对于主动弹性和反应弹性没有起正向作用，H2a 和 H2b 均没有得到验证；社会控制分别对于主动弹性和反应弹性起到正向作用，H3a 和 H3b 得到了验证；主动弹性分别对经济绩效和环境绩效有正向的影响，对社会绩效没有正向的影响，因此 H4a、H4b 成立，H4c 不成立。反应弹性对经济绩效和环境绩效和社会绩效均有正向的影响，因此 H5a、H5b、H5c 均成立。

（三）中介效应检验

通过采用 AMOS 24.0 软件，设置 Bootstrap 样本为 5000，对本书所提出的中介效应进行检验与验证，显示在 95% CI 下采用偏差校正百分位法计算和百分位法计算所得出的结果。通过 AMOS 24.0 软件得到的中介效应检验结果如表 6.23 所示。

表 6.23　中介效应检验结果

假设	系数 (β)	标准误	Bias-corrected Percentile 95% CI			Percenntile 95%CI		
			低	高	P值	低	高	P值
H6a：过程控制→主动弹性→经济绩效	-0.082	0.001	-0.264	0.072	0.272	-0.276	0.065	0.279
H6b：过程控制→主动弹性→环境绩效	0.126	0.001	0.038	0.238	0.011*	0.027	0.228	0.019*
H6c：过程控制→主动弹性→社会绩效	-0.580	1.355	-4.846	0.519	0.294	-4.208	0.696	0.393
H7a：结果控制→主动弹性→经济绩效	0.367	0.764	-0.355	2.506	0.324	-0.418	2.298	0.382
H7b：结果控制→主动弹性→环境绩效	0.878	1.681	-0.007	5.557	0.062	-0.012	5.394	0.066
H7c：结果控制→主动弹性→社会绩效	0.032	0.650	-0.456	2.801	0.644	-0.746	1.856	0.838
H8a：社会控制→主动弹性→经济绩效	2.052	2.692	0.171	9.829	0.009**	0.171	9.823	0.009**
H8b：社会控制→主动弹性→环境绩效	1.643	1.076	0.209	2.877	0.038*	0.189	8.782	0.034*
H8c：社会控制→主动弹性→社会绩效	0.179	2.745	-1.666	11.877	0.711	-2.707	7.556	0.870
H9a：过程控制→反应弹性→经济绩效	1.537	1.387	0.132	5.504	0.033*	0.003	5.020	0.049*
H9b：过程控制→反应弹性→环境绩效	2.070	2.703	0.136	9.840	0.036*	0.036	9.082	0.047*
H9c：过程控制→反应弹性→社会绩效	3.227	4.221	0.206	15.329	0.037*	0.072	14.228	0.046*
H10a：结果控制→反应弹性→经济绩效	0.085	1.517	-0.808	7.183	0.637	-1.449	4.267	0.895
H10b：结果控制→反应弹性→环境绩效	0.343	0.802	-2.264	1.563	0.663	-1.532	1.842	0.455
H10c：结果控制→反应弹性→社会绩效	0.461	1.488	-4.129	2.094	0.667	-2.626	2.755	0.456

假设	系数 (β)	标准误	Bias-corrected Percentile 95% CI			Percenntile 95%CI		
			低	高	P 值	低	高	P 值
H11a：社会控制→反应弹性→经济绩效	1.294	1.286	0.135	7.877	0.025*	0.063	8.752	0.049*
H11b：社会控制→反应弹性→环境绩效	0.719	2.431	-7.022	3.118	0.703	-4.178	4.230	0.455
H11c：社会控制→反应弹性→社会绩效	0.289	3.478	-6.064	2.074	0.867	-3.084	2.687	0.554

注：*** $p<0.001$，** $p<0.01$，* $p<0.05$。

从表 6.23 中可知，结果控制对主动弹性的直接影响并不显著，β 为 -0.019、p 值为 0.811 大于 0.05，因此不符合中介效应成立的条件。结果控制对反应弹性的直接效应不显著，β 为 -0.030、p 值为 0.667 大于 0.05，因此也不符合中介效应成立的条件。主动弹性对社会绩效的直接影响并不显著，β 为 -0.135、p 值为 0.051 大于 0.05，因此不符合中介效应成立的条件。从表 5.16 中介效应检验的结果进一步显示，除包含结果控制对主动弹性与主动弹性对社会绩效的路径所在的间接作用路径外，只有路径社会控制—反应弹性—环境绩效的间接影响在 95% CI 水平下并不显著，所在的置信区间也都包含零。因此，不能得出反应弹性在社会控制对环境绩效的影响中起着中介作用，不支持假设 H11b。

通过以上分析，总结本书中假设验证的结果如表 6.24 所示。

表 6.24　假设结果统计

假设	结果
H1a：过程控制对主动弹性有正向影响	成立
H1b：过程控制对反应弹性有正向影响	成立
H2a：结果控制对主动弹性有正向影响	不成立
H2b：结果控制对反应弹性有正向影响	不成立
H3a：社会控制对主动弹性有正向影响	成立

假设	结果
H3b：社会控制对反应弹性有正向影响	成立
H4a：主动弹性对经济绩效有正向影响	成立
H4b：主动弹性对环境绩效有正向影响	成立
H4c：主动弹性对社会绩效有正向影响	不成立
H5a：反应弹性对经济绩效有正向影响	成立
H5b：反应弹性对环境绩效有正向影响	成立
H5c：反应弹性对社会绩效有正向影响	成立
H6a：主动弹性在过程控制与经济绩效之间起中介作用	成立
H6b：主动弹性在过程控制与环境绩效之间起中介作用	成立
H6c：主动弹性在过程控制与社会绩效之间起中介作用	不成立
H7a：主动弹性在结果控制与经济绩效之间起中介作用	不成立
H7b：主动弹性在结果控制与环境绩效之间起中介作用	不成立
H7c：主动弹性在结果控制与社会绩效之间起中介作用	不成立
H8a：主动弹性在社会控制与经济绩效之间起中介作用	成立
H8b：主动弹性在社会控制与环境绩效之间起中介作用	成立
H8c：主动弹性在社会控制与社会绩效之间起中介作用	不成立
H9a：反应弹性在过程控制与经济绩效之间起中介作用	成立
H9b：反应弹性在过程控制与环境绩效之间起中介作用	成立
H9c：反应弹性在过程控制与社会绩效之间起中介作用	成立
H10a：反应弹性在结果控制与经济绩效之间起中介作用	不成立
H10b：反应弹性在结果控制与环境绩效之间起中介作用	不成立
H10c：反应弹性在结果控制与社会绩效之间起中介作用	不成立
H11a：反应弹性在社会控制与经济绩效之间起中介作用	成立
H11b：反应弹性在社会控制与环境绩效之间起中介作用	不成立
H11c：反应弹性在社会控制与社会绩效之间起中介作用	成立

本章小节

基于动态能力理论，本书探讨了供应链弹性对中国制造业企业可持续绩效的影响。与以往研究不同的是，我们从供应链弹性的促成因子来衡量企业的可持续价值，以解决制造企业面临的可持续绩效难题。同时，还深入探讨了控制机制与供应链弹性之间各细分维度的作用关系。这种关系将供应链弹性作为中介变量，连接控制机制和企业可持续绩效。通过验证研究中提出的假设，我们证实了供应链弹性是提升企业可持续绩效的重要因素，这为制造业在快速变化的环境中利用供应链弹性提升企业绩效提供了重要启示，采用实证检验验证研究所提出的假设，最终部分假设得到支持。

结果表明：（1）过程控制直接影响供应链主动弹性与反应弹性；社会控制直接影响供应链主动弹性与反应弹性；但结果控制并不能影响供应链主动弹性与反应弹性。（2）主动弹性直接影响企业经济、环境绩效，不能影响社会绩效；反应弹性可以直接影响企业经济、环境、社会绩效；因此过程控制、社会控制是制造企业兼顾和提升可持续绩效的重要动态能力，也可以通过支持并提升主动弹性与反应弹性更有效地改善三重绩效。

关于中介作用的结果讨论，拥有强调准备的过程控制可以通过及时的信息反馈和行为矫正影响供应链的主动弹性，从而通过优化合作双方的价值创造来保障财务收入，推动经济绩效的提升，同时发现并解决生产环境中的环境不利问题进而改善企业的环境绩效，因此主动弹性在过程控制与经济绩效、环境绩效之间起着中介作用。这意味着企业也许能够通过加强组织间过程控制，如提前准备应对风险预案等措施来保障供应链主动弹性，进而保障企业的经济绩效与环境绩效。另外，研究还表明，社会控制可以通过合作伙伴之间的高频互动提高供应链的稳定性，影响主动弹性，从而优化合作双方的价值创造以保障经济绩效；及时发现并解决生产环境中的环境不利问题进而改善企业环境绩效。主动弹性在社会控制与经济和环境绩效之间起着中介作用。过程控制通过提高供应链对意外事件的快速反应能力影响反应弹性，从而快速应对干扰和风险，进一步阻止财物损失的发生，提高经济绩效；通过及时识别和处理环境问题，减少污染物的排放和能源损失来提升环境绩效；通过及时解决裁员、减薪等社会性问题，提升企业形象，承担社会责任，提升社会绩效。表明反应弹性在过程控制与经济绩效、环境绩效和社会绩效之间起着中介作用。社会控制通过控制供应链合作伙伴之间的密切沟通使其面对风险时可以快速反应，从而及时应对干扰和风险阻止财务损失以保障经济绩效。通过解决如裁员、减薪等社会性问题提升企业的社会形象，承担社会责任，提升企业的社会绩效。表明反应弹性在社会控制与经济绩效和社会绩效之间起着中介作用。

此外，排除由于直接效应不显著而导致不显著的中介作用路径，仅有假设 H11b 不成立。由此可以看出，发生在供应链恢复阶段的反应弹性是需要根据外部环境，如合作者之间的沟通，以及断裂后的供应链运营情况采取措施。虽然企业可以通过快速响应调整运行和供应链流程或升级生产技术来减少有害物质的使用，减少污染物的排放，但为了恢复到原来或最佳运营状态，虽然反应弹性做出了及时响应，但对环境绩效依然造成了较大的负面影响，这是假设未通过验证的潜在可能。因此，制造业企业应该加强应对环境问题的生产技术及资源管理，更有效地防范和应对风险，减少其在对干扰做出反应时因环境保护技术不成熟消耗的能源。

第七章 研究结论及对策建议

第一节 基本结论

（1）在循环供应链关键实践研究中，基于 3R 原则和整个供应链流程，提出了一套包含 15 条 CSCP 准则的体系，并确定了 CSCP 准则的相对重要性，这为 CSCP 的研究提供了许多理论启示。首先，由于现有研究较少考虑 CSCP 体系的构建，所以 CSCP 标准是碎片化的、不系统的。本书的研究内容补充了这方面的文献。此外，本书通过对 3R 原则和供应链流程重要意义的探讨，为学者研究循环供应链领域的内容提供了思路，有助于推动 CSCP 向着系统化、综合化发展。本书还提出了一种混合方法，用于研究不确定条件下系统中准则的重要性，为研究人员提供了借鉴。最后，基于研究结果的一些有趣的发现扩展了循环供应链管理领域的文献。

首先，机械化和自动化设备的使用（P_1）是极其重要的。这是因为使用机械化和自动化设备可以缩短生产周期，提高生产效率（Ryl'nikova et al., 2017；Marzban, Hayati and Asoodar, 2018）。此外，它有助于实现精益生产，帮助企业用更少的资源生产产品，减少浪费（Hu et al., 2013）。这完全符合减排目标（Ranta, Aarikka-Stenroos and Mäkinen, 2018）。因此，使用机械化和自动化设备可以产生巨大的节能效益，这可以解释为什么使用机械化和自动化设备是必要的。虽然现有的研究也提到了它在 CE 系统中的重要性（Zhao et al.，2012；Patwa et al.，2021），但与其他实践相比，该领域的研究对这一问题的关注远远不够。以往的研究关注诸如促进回收、再制造和废物再利用等实践，这些显然是 CSCP 方面。然而，根据这项研究的结果，这些 CSCP 的重要性可能没有那么强。其次，与技术相关的 CSCP 标准的重要性涉及通过技术创新（P_7）和使用节能技术（P_2）来延长产品的使用寿命。这一结果与已有的研究观点是一致的。一方面，现有的研究讨论了许多技术创新在延长产品使用寿命方面的重要作用，例如，径向唇密封技术、纳米技术和生物降解技术（Putz，2004；Roberts，2010），展示了延长产品使用寿命对实施 CE 概念的重要性（Zhou and Xu，2012；den Hollander，Bakker and Hultink，2017；Heesbeen and Prieto，2020）；另一方面，现有的观点认为，采用节能技术，如节煤技术、节电技术、综合节能技术和联动技术（Lu，Fan and Zhao，2018；Pan et al.，2018；Tan et al.，2019），有助于减少能源消耗并遵循节能战略（Agrafiotis and Tsoutsos，2001；Heshmati，2017）。为了开发 CE 模式，本书采用了节能技术 RTO 炉来处理涂层废气和余热回收。该技术已被证明是促进循环供应链发展的重要助推器（Farooque et al.，2019；Mastos et al.，2021；Rehman Khan et al.，2022）。本书还进一步支持了现有论证的可靠性，有利于相关理论的完善。最后，与消费者相关的两个 CSCP 标准，与中间商合作制定鼓励消费者在使用后退货的措施（P_{15}）和与中间商合作激励消费者购买使用可回收材料的产品（P_{14}），排在列表的最后。这意味着这两个标准的优先级较低，在列表中不太重要。然而，一些研究已经注意到消费者在循环供应链中的重要性（Jurgilevich et al.，2016；Wang and Hazen，2016）。例如，先前的研究表明了刺激消费者退回旧产品的重要性，并指出企业可以通过采用定价机制和开展宣传活动来刺激消费者（Canning，2006）。由于大多数消费者不愿意退回旧产品，所以探索如何制定影响消费者行为的措施尤为重要（Van Weelden，Mugge and Bakker，2016）。基于消费者的重要意义，有必要研究与消费者相关的 CSCP（Farooque et al.，2019）。现有研究结果与本研究存在差异的原因可能是以往的研究都是从单一的消费者角度出发，没有考虑到供应链中的其他环节，如生产和采购。事实上，一些关于绿色或可持续供应链实践的研究表明，消费者在供应链中的作用是有限的（Green et al.，2012；Wu，Zhang and Lu，2018）。此外，采购和生产的实践对减少资源浪费和促进产品再利用的循环绩效有明显的影响。如果不向消费者提供具有循环特性的产品，则 CSCP 中消费者管理的意义较弱。因此，本书认为该结果是有意义的，丰富了对与消费者相关的 CSCP 的理解。

（2）在可持续供应商选择标准研究中，通过整合三角模糊数、SWARA 和贝叶斯网络三种方法所构建的灵活模型能够准确地为决策者提供不同多级供应链结构下的可持续供应商选择决策指导。该模型具有良好的应用性，适用于多级供应链环境中的可持续供应商选择。此外，该模型还可以为实证调查类、建模构造类和算法编程类研究提供方法和创新思路，特别是多级供应链管理领域的相关研究。

首先，本书扩展了以前仅考虑二元关系的视角，在三元关系中引入了可持续供应商选择的概念。这项可持续供应商选择研究通过为核心企业在整个多级供应链中促进可持续发展水平提供指导，加强了多级供应链管理的理论基础。其次，有针对性地基于多级供应链管理，考虑到不同的企业有不同的多级供应链管理结构，只有考虑企业自身特点，决策才能真正地有利于战略发展。因此，在可持续供应商选择指标体系的构建过程中同时考虑了"开放式多级供应链""封闭式多级供应链"和"过渡式多级供应链"三种多级供应链结构的决策环境，以帮助企业依据自身情况做出最有利的选择。最后，本书构建的可持续供应商选择指标体系综合考虑了经济、环境和社会的可持续性，充分保障了可持续性要求。综上所述，本书构建的基于多级供应链管理的可持续供应商选择指标体系为该环境下的科学和客观的决策提供了有力的支持。在方法层面上，多级供应链环境中的三种不同结构导致可持续供应商选择决策复杂性程度较高，因此，传统的可持续供应商选择模型不再具有适应性。与可持续供应商选择的现有方法相比，本书在方法适用性方面做出了贡献，具有众多突出优点。第一，SWARA 方法用于确定所有指标的权重，以判断可持续供应商选择指标的重要性。然后，我们依靠重要性判断并通过引入阈值的方式来确定关键的可持续供应商选择指标。最终筛选的关键指标结果为贝叶斯网络方法提供了结构框架。在以前的研究中，德尔菲法、AHP、相关性分析等方法也可用于确定关键指标。但是，这些方法都有自己的局限性；而SWARA方法的结果一致性相对较高，并且处理过程简单、耗时短、成本低，能够为本研究提供更便捷、可靠的结果。第二，贝叶斯网络作为处理不确定信息的重要方法，通过调整节点的状态，灵活地提供基于不同多级供应链结构的可持续供应商选择建议。第三，贝叶斯网络方法可以获得比其他方法更可靠的结果，其结果即便存在误差也很小。传统的用于可持续供应商选择的大多数多准则决策方法无法随着多级供应链结构的调整为企业提供建议，这些方法通常适用于在固定环境中进行决策。因此，贝叶斯网络具有其他多准则决策方法无法实现的明显优势。第四，本书中使用的SWARA法和贝叶斯网络法可能存在一些主观评估影响，例如，主观语义表达不准确的问题。因此，本研究通过引入三角模糊数对SWARA法和贝叶斯网络法进行模糊化处理，以解决专家判断中的主观性影响问题。

（3）在供应链学习对供应链弹性的影响研究中，基于知识基础观理论，通过对中国制造业企业进行大范围调查，实证研究了供应链学习对供应链弹性的影响机制，具体探究了供应链学习、供应链探索、供应链开发、供应链敏捷性和供应链弹性之间的关系，研究结果证实了供应链学习对供应链弹性的积极作用，对已有的探究供应链学习直接影响供应链弹性的文献进行了补充。此外，本书也证实了供应链开发和供应链敏捷性对供应链弹性的直接效应，对供应链弹性的影响因素这一话题进行了补充。通过引入供应链探索和供应链开发两个变量，揭示了基于供应链双元性，即供应链探索和供应链开发对供应链学习影响供应链弹性的作用机制。通过实证研究证明了供应链双元性即供应链探索与供应链开发可以帮助解释供应链学习对供应链弹性的影响，即供应链开发在供应链学习对供应链弹性的影响关系中起中介作用，但供应链探索对供应链弹性的直接影响并不显著，以及供应链探索在供应链学习对供应链弹性的影响关系中的中介作用并不成立。基于知识基础观，这反映了具有弹性的供应链需要从供应链开发中不断积累知识、实践、信息，并且要对从供应链开发中获得的知识进行更新。尤其在风险事件频发以及其他因素下导致的供应链中断的情况下，企业保证生存以及获得新发展的关键在于企业能否更加主动地采取行动，比如利用已有的资源以及挖掘新的知识以快速应对中断并且尽快得到恢复（Kristal，Huang and Roth，2010；Wang et al.，2021）。我们的研究发现，在供应链学习作为前因变量基础上，供应链双元性的两个维度即供应链探索和供应链开发在对供应链弹性的影响之中起到了不同的作用，这与已有的文献研究所证实的供应链探索与供应链开发所发挥的作用相同，比如对供应链性能、供应商弹性和客户弹性有所差异（Khan and Wisner，2019；Gu，Yang and Huo，2020）。由于供应链探索关注开发新的知识，而不是对现有知识进行总结和凝炼（March，1991），往往会涉及高风险和不确定性，所以并非所有公司都可以负担这笔支出并且愿意在这个维度进行投资，他们往往会更倾向于进行更容易得到安全回报的投资（Ojha et al.，2018；Nielsen and Gudergan，2012）。尤其是当企业处在动荡的环境下，比如 COVID-19 蔓延的情况下，组织的首要任务是保证自己的安全。因此，相比对现有知识库的持续细化更新利用的开发策略，企业不会选择无法评估潜力或者不确定回报时间的探索策略（Nielsen and Gudergan，2012；Burgelman and Sayles，1986）。通过研究结果中的供应链探索和供应链开发的正向影响作用，供应链探索在供应链学习对供应链开发的影响中起到了中介作用，并且共同参与到中介作用机制中，进而对供应链弹性产生影响。也就是虽然供应链探索不能直接在供应链学习对供应链弹性的影响中发挥中介作用，但它可以通过影响供应链学习对供应链开发的关系间接参与到供应链学习对供应链弹性的作用。这一发现与现有研究中认为的供应链探索活动支持供应链开发活动一致（Ojha，Shockley and Acharya，2016），探索间接推动了组织绩效一致（Lavie，Stettner and Tushman，2010）。通过研究，我们明确了供应链学习对于供应链弹性的机制问题，也提高了对供应链探索和供应链开发之间联系的认识。最后，从研究结果中我们还发现，供应链探索能够在供应链学习对供应链敏捷性的影响中起到中介作用，并且能够共同参与到链式中介作用的机制之中，进而对于供应链弹性产生链式中介影响。供应链开发能够在供应链学习对供应链敏捷性的影响中起到中介作用，并且能够共同参与到链式中介作用的机制之中，进而对于供应链弹性产生链式中介影响。通过将供应链双元性（供应链探索和供应链开发）与供应链敏捷性共同参与到对供应链弹性的中介作用机制中，扩展了已有供应链领域的理论研究，丰富了供应链领域的理论支持与思路。

（4）在控制机制对供应链弹性的影响研究中，基于动态能力理论，通过对中国制造业企业进行调查，首先验证了供应链弹性与企业可持续绩效之间的关系。供应链弹性被确定为供应链中断做准备、应对和恢复的战略，分为主动弹性和反应弹性（Li et al.，2017；Ali，Nagalingam and Gurd，2017；Elluru et al.，2019）。学者们已经认识到供应链弹性在改善财务绩效方面的重要作用包括供应链绩效（Altay et al.，2018；Chowdhury，Quaddus and Agarwa，2019），运营和经济绩效（Ruiz-Benitez，2018）。本书从可持续性的角度关注经济、环境和社会绩效之间的作用关系。供应链弹性和可持续性之间的细分关系还处于起步阶段，未来的研究应在供应链中建立一个综合的供应链弹性—可持续性关系（Fahimnia and Jabbarzadeh，2016b；Negri et al.，2021）。本书研究的结果揭示了主动弹性和反应弹性对经济、环境和社会绩效的显著影响，对供应链弹性以及促成因子对企业可持续绩效的影响方面的文献进行了补充。

同时，还揭示了基于动态能力理论下供应链弹性不同维度对企业可持续绩效的作用机制。结果表明，主动弹性会对经济和环境绩效产生积极影响，这表明企业可以通过发展预防能力来处理经济和环境事务（Jia et al.，2020）。反应弹性对经济、环境和社会表现都有积极的影响。因此，企业可持续绩效可以通过对意外中断的快速响应来实现可持续绩效的增长。然而，在我们的研究中并没有发现主动弹性和社会绩效之间存在关系。笔者认为，在破坏性风险发生的时刻，制造业企业可以通过迅速采取行动从而给员工和公众留下更深刻的正面印象，这有利于社会绩效增长的可能性。然而，通过研究发现主动弹性强调预期、预先计划或积极等待准备阶段的意外变化的策略（Jia et al.，2020）。还有学者指出，企业一般面临的社会风险有强迫劳动、低工资、工作时间和条件、雇佣童工等（Freise and Seuring，2015）。而这些风险对于利益相关者来说是不利的。但是，反应弹性不具备前瞻性，因此不能提高社会绩效。综上所述，我们的研究为供应链弹性与企业可持续绩效之间的关系提供了有力的证据。

研究发现，过程控制有助于提升供应链弹性，与之前研究的观点一致，即双方参与改进生产过程，为潜在的中断做好准备，以及对意外变化及时做出反应等（Jia et al.，2020）。但是，发现结果控制并不能改善主动弹性或反应弹性。其原因有结果控制侧重于已建立的目标，减少了适应干扰的灵活性，而发生意外的中断可能需要更改最终的目标。由于结果规范和绩效衡量主要是通过正式的协议或合同制定的，在紧急情况下重新协商通常需要消耗额外的资金并且耗费时间（Lechler，Canzaniello and Hartmann，2019），这限制了主动弹性和反应弹性。由于社会控制与信任密切相关，社会控制促进了供应链弹性（Rhee，Kim and Lee，2014）。信任已被证明可增强供应链的恢复能力（Stouthuysen，Slabbinck and Roodhooft，2012）。因此，本书的研究结果为社会控制和供应链弹性之间的联系提供了实证。综上所述，本书从关系控制的整体角度探讨弹性的前因，揭示了过程、结果和社会控制的独特作用，扩展了该领域的理论与思路。

第二节　对策建议

（1）在循环供应链关键实践研究中，首先，根据研究结果，发现使用机械化和自动化设备（P_1）是最重要的 CSCP 标准。制造业企业作为供应链中的核心企业，应该在带动批发供应链循环发展中发挥主导作用。在这种情况下，制造企业应该率先使用机械化和自动化设备。他们应该引进有利于促进循环系统运行的机械化和自动化设备。例如，应安装废物处理设备，提高从生产废物中提取有效物质的能力，促进回收利用。其次，生产设备应随时进行维护，避免因设备故障使产品不合格，影响生产效率，造成浪费。此外，重点企业应鼓励其他供应链成员，如供应商，使用机械化和自动化设备。使用机械化和自动化设备的供应商可以提供标准化和高质量的零件。焦点企业也可以根据是否采用机械化和自动化设备来选择合作伙伴。最后，重点企业应在长期机械化和自动化生产的基础上总结经验教训，形成一套标准的经验手册，并将这种经验推广到供应链的上下游合作伙伴，以支持合作伙伴更有效地使用设备。

通过技术创新延长产品使用寿命（P_7）排名第二。P_7 符合 CE 的再利用理念，有助于减少因频繁更换没有使用价值的产品而造成的资源浪费。因为焦点企业的行为影响其上游和下游供应链合作伙伴，它应该积极采取措施，树立良好的榜样。例如，企业可以创新粘接技术，提高产品零件的连接质量，有效促进产品使用寿命的延长。公司可以创新数控技术，提升智能化和精密水平，提高产品的质量，为市场提供使用寿命长的高品质产品。此外，焦点企业应通过技术创新引导和帮助其供应链合作伙伴延长产品的使用寿命。它可以提供一定的资金和技术支持，也可以对绩效好的合作伙伴进行激励，如加强合作等。

使用节能技术（P_2）和购买可再生材料和其他绿色材料（P_{11}）分别被认为是第三和第四重要的 CSCP 标准。使用节能技术有助于降低能源消耗，促进环境友好型供应链的发展，而购买可再生材料和其他绿色材料可以使废弃的产品被重新利用。这两个 CSCP 符合发展循环供应链的目标。根据这些标准，供应链中的企业可以采取相应的措施。具体对 P_2 来说，企业可以使用余热回收技术回收生产过程中产生的余热。可以采用节水技术和节电技术，提高水资源和电力资源的利用率。节能技术的应用有助于节能生产方式和循环供应链的转变。对于 P_{11}，供应链上游的供应商应该有意识地提供可再生和绿色的原材料。供应链上的重点企业，如制造业企业，应严格控制原材料的质量和环境友好性。他们还可以通过推广环保产品来提高整个循环供应链的竞争力。

除了对重点企业的管理具有重要意义，本书对政府和非政府组织也具有指导意义。首先，政府应采用税收和补贴的手段，鼓励企业采用机械化和自动化设备，并通过技术创新延长产品的使用寿命。其次，政府可以通过法律手段限制破坏环境的企业的生产行为，例如，禁止使用非节能技术。最后，环保组织或行业协会等非政府组织应根据研究结果，指导制定有利于推广

CSCP 的行业规范。例如，要求公司生产的某类产品的最低使用寿命达到一定年限。

（2）在可持续供应商选择标准研究中，企业因市场、文化、环境、竞争等的变化，其发展过程必然是动态的，不可能采用一种固定的供应链结构模式（张光明、徐飞，2015）。不同模式下企业的决策环境不同，因此必须从实际结构模式出发，提出有针对性的意见。本书列示了多级供应链环境中不同管理结构下的可持续供应商选择指标重要性，根据排序结果，对企业管理者提出如下建议。

首先，在"开放式多级供应链"结构中，核心企业应确保一级供应商和次级供应商签订环境合同，明确环境管理的细节，如污染防治处理、资源消耗情况和有毒物质问题等。通过订立正式的合同，核心企业可以避免可能由次级供应商引发的潜在环境问题（Genovese et al.，2014）。此外，核心企业应选择评估次级供应商的领导能力、财务能力、技术能力、组织结构和战略目标等与经济综合竞争力相关的一级供应商，以避免次级供应商因管理经营不善而导致无法供应或供应质量不达标等问题（Zsidisin et al.，2004；Gupta and Barua，2018）。此外，核心企业应选择要求次级供应商签订法律合同的一级供应商，让次级供应商承担社会责任，因为确保其生产管理过程合法合规同样重要。

其次，当采用"封闭式多级供应链"结构时，核心企业需要建立严格的制度，以确保选定的次级供应商能够提供高质量的原材料（Chernikova et al.，2017；Wang et al.，2018；Negash et al.，2020）。此外，核心企业必须严格审查次级供应商的员工数量和素质、设备数量和生产能力等情况，以确保次级供应商有能力在要求的时间内提供产品。供应商的能力显著影响供应链运作绩效，而运作绩效关系到供应商交付准时性（李随成等，2014）。国内学者刘旺盛等人指出交货周期问题影响供应总成本，必须纳入供应商选择的综合考察范围，避免决策误差（刘旺盛等，2022）。同时，核心企业需要选择详细披露生产过程相关信息的次级供应商，特别是信息披露充分反映环境和社会责任的供应商（Kraft，Valdes and Zheng，2020）。

最后，当采用"过渡式多级供应链"结构时，核心企业应根据其战略目标分配对次级供应商进行直接和间接管理的资源。以本研究的 W 公司来说，它被调查时更注重次级供应商的间接管理（$\beta = 0.45$，$\gamma = 0.55$），这要求它确保一级供应商和次级供应商之间在污染控制和废物排放等环境问题上签署了明确的合同。此外，核心企业应注意一级供应商是否对次级供应商的交付能力和交付质量进行了详细的评估，并严格执行相关评估制度。当核心企业对次级供应商的管理模式重心发生变化时，必须确定是否需要调整可持续供应商选择决策。同样以本书调查的 W 公司为例，根据它对次级供应商管理模式的未来战略规划，即加强对次级供应商的直接管理水平，达到间接与直接管理同水平的状态（$\beta = 0.5$，$\gamma = 0.5$），它首先应该确保次级供应商的交货质量，特别是关键原材料。此外，选择与次级供应商签订了环境合同的一级供应商也是必要的，以避免次级供应商随意排放污染物和滥用资源。综上所述，核心企业需要根据"过渡式多级供应链"结构中企业自身对次级供应商直接和间接管理的倾向性程度来灵活地进行可持续供应商选择决策。

（3）在供应链学习对供应链弹性的影响研究中，探究了在风险事件频发的背景下供应链学习对于供应链弹性的路径，为制造企业提高供应链弹性提供了新的管理见解。基于本研究通过假设检验证明了供应链学习对供应链弹性的积极影响，提出制造企业需要投入更多精力去进行供应链学习的实践活动，营造良好的学习氛围，打造关于学习的企业文化，从企业内部进行协调的学习，并且应该保证在供应链之间能够进行频繁的沟通以及知识、信息、业务经验等转移交流的建议（Hult and Ferrell, 1997; Hult, 2010）。还应该确定学习的大方向，并为经理和员工组织相关培训（Wu and Katok, 2006）。此外，企业还可以利用供应链开发活动去把握市场趋势以及改善物流等，利用开发性学习，总结经验知识（Kadiyala, Zer and Bensoussan, 2020; Lee and Rha, 2016）。当然，企业也可以通过提高供应链敏捷性的方式提高竞争优势（叶枫、林正品，2021；周和荣，2007），促进供应链弹性的提高。根据企业所处的阶段采用不同的方式，如在创业阶段应该着重于提高快速吸收能力，变革阶段应注重提升灵活整合能力，发展阶段则应兼顾快速吸收与灵活整合能力的提升（马文甲、张琳琳，2018）。供应链也可以利用新的信息系统去提高供应链敏捷性（周宇、仲伟俊、梅姝娥，2015），进而对供应链弹性的提升提供帮助。供应链企业也应加强对于供应链知识管理能力的提升，重视知识的获取、积累、转移与利用，对知识进行合理部署，与供应链伙伴一起加强前瞻化管理，强化创新效率和创新行动（宋华、麦孟达，2018）。

基于研究中中介效应以及链式中介效应的验证，可以利用供应链学习来加强供应链开发以提高供应链弹性。建议公司特别是中小企业应该利用现有的技能和资源，强烈建议核心企业让供应商和客户共同参与供应链开发活动，相互交流技能、知识与信息，帮助提高供应链的竞争能力（Grant，1997）。另外，供应链探索虽然不能单独参与到供应链学习对供应链弹性的影响之中，但在其中能够发挥链式中介作用，因此供应链企业也不应该忽视关于供应链探索的尝试。供应链探索活动虽然具有一定的风险，但也不应该被忽视，因为它有可能会带来意想不到的创新或对供应链的升级起到作用。因此，如果情况允许，建议公司利用知识积累在开发活动之前进行探索性尝试，如新产品开发、绿色战略协调和绿色过程协调（Wang，Li and Chang，2016）。同时通过对供应链的探索和开发实践进行合理的资源分配，使企业在稳定和不稳定的情况下获得短期和长期的收益（Lorentz et al.，2019）。企业应该提高自身对供应链探索和供应链开发的认知水平，了解供应链探索和供应链开发之间的联系与区别，了解知识对于供应链探索和供应链开发的不同作用，从而协调供应链探索和供应链开发战略之间的关系。另外，企业也可以通过同时进行供应链探索与供应链开发以及提升供应链敏捷性的方式提高自己的供应链弹性水平，以应对未知的中断与风险，适应市场环境的变化，提高自己的响应能力与响应速度，进而从容应对中断情况。

（4）在控制机制对供应链弹性的影响研究中，供应链弹性对企业可持续绩效的影响研究表明，面对风险和中断事件，各企业已经开始不同程度地被动或主动构建供应链弹性能力，借助控制机制改善组织管理方式，获得持续的企业三重可持续竞争优势。将研究结论与实践行动相统一，本书提出如下管理建议。

首先，实践中管理人员已经开始关注供应链弹性的重要性和潜在价值，但许多企业仍没有形成一个有影响力的开发框架。本书基于动态能力视角，将供应链弹性作为一种动态能力，这对以制造业企业为首的供应链管理者来说意义重大。针对外界环境中的不稳定因素，供应链领域的核心企业需要通过制定动态化战略，拥有持久的生命力，并提升自身效益。由于新技术的快速发展和客户需求的多样化和个性化，日益复杂、动态和不确定的经营环境给全球供应链带来了更多的挑战。中国制造企业正面临着上下游合作伙伴造成的供需破坏性风险。制造业企业应加大对供应链弹性的重视，以应对供应链的潜在中断风险。同时，企业也需要追求环境、社会和经济目标，以满足不同利益相关者的要求。可持续发展已成为制造企业战略的重要组成部分（Fahimnia and Jabbarzadeh，2016a）。从组织关系的角度来说，供应链弹性通过其积极的绩效影响加强供应链关系，确保组织间的控制性战略支持。供应链中的企业应使最高管理层明白主动维度策略（如准备、储备能力、整合能力等）和被动维度策略（如增加快速响应的能力）的重要性。研究指明供应链管理者应该积极采取应对措施，设计配置供应链系统，同时开发能够快速应对中断事件并迅速恢复的能力，使企业有机会提升可持续绩效。本研究使供应链弹性与可持续绩效建立了联系，并指出了可持续发展的途径。

其次，商业环境具有波动性、不确定性、复杂性和模糊性等特点，也为构建更具弹性的供应链系统提供了新的视角。在这种情况下，基于历史数据进行目标设定变得越来越困难，效果也越来越差。本书的结果表明，企业应该投入更多的精力，在供应链关系中进行过程控制。关注过程控制可使供应链合作伙伴协调业务活动，保持业务连续性，并根据变化的环境及时修改运营流程（Wong，Lai and Bernroider，2015）。制造企业必须关注指定流程执行标准以及监控和报告供应商行为（Rijsdijk and Van den Ende，2011）。此外，社会控制在降低复杂性和不确定性以及构建弹性体系方面发挥着重要作用。因此，企业应该学会通过促进密切的互动和沟通、建立信任和传播共同的价值观来发展与供应链合作伙伴的关系（Tiwana，2010）。

最后，研究结果也建议企业应该不断寻找解决供应链问题的新方法，努力寻找供应链管理新机会的企业更有可能快速处理问题。供应链弹性的有效性包括最大限度地减少中断带来的负面影响和最大化企业绩效，因而企业应该不断寻找创造性的方法来满足新的市场需求，发展适应环境变化的能力。因此，管理者应该在正确的时间点利用供应链弹性，持续监控重要的绩效特征（如销售额水平、收入增长速度、处理环境问题的新技术、解决社会问题的资源能力等）以提高可持续绩效，并以此权衡进行供应链配置。管理者应该注重提高对市场的短期敏感性，通过提升供应链弹性，包括主动弹性和反应弹性来应对市场的变化。

参考文献

［1］ 白菊. 供应链弹性对企业可持续竞争优势的影响［D］. 西安：西安理工
大学，2020.

［2］ 白世贞，丁君辉. 供应链敏捷性视角下供应链复杂性对电商企业绩效的
影响［J］. 商业经济研究，2022（19）：124-127.

［3］ 陈伟，康鑫，冯志军，等. 基于群组决策特征根法的高技术企业知识产
权开发评价指标识别［J］. 科技进步与对策，2011，28（11）：116-119.

［4］ 陈伟，张旭梅. 供应链中企业组织学习能力对合作绩效的影响——以知识
获取为中介变量的实证研究［J］. 商业经济与管理，2009（8）：36-42.

［5］ 陈振颂，王先甲，王欣仪，等. 基于 PD-HFLTS 与 BWM 的多产品可持
续供应商选择［J］. 计算机集成制造系统，2020，26（2）：508-521.

［6］ 戴翔，杨双至. 数字赋能、数字投入来源与制造业绿色化转型［J］. 中
国工业经济，2022（9）：83-101.

［7］ 邓春平，李晓燕，潘绵臻. 组织惰性下控制影响知识转移的压力与认同
机制——离岸 IT 服务外包中的案例研究［J］. 科学学与科学技术管理，
2015（7）：38-48.

［8］ 董海，李福月. 基于 R-DEMATEL-MABAC 法的可持续供应商选择［J］.
浙江工业大学学报，2022，50（4）：393-400.

［9］ 杜刚，魏宁. 考虑企业社会责任的供应商激励机制研究［J］. 管理现代
化，2014，34（6）：37-39，71.

［10］冯军政，魏江. 国外动态能力维度划分及测量研究综述与展望［J］. 外国经济与管理，2011，33（7）：26-33，57.

［11］冯缨，唐慧，孙晓阳. 基于 DEMATEL 的企业社交媒体信息效用的关键影响因素研究［J］. 情报理论与实践，2022，45（4）：137-145，153.

［12］冯长利，张明月，刘洪涛，等. 供应链知识共享与企业绩效关系研究——供应链敏捷性的中介作用和环境动态性的调节作用［J］. 管理评论，2015，27（11）：181-191.

［13］广东省人民政府办公厅. 关于印发广东省推进冷链物流高质量发展"十四五"实施方案的通知广东省人民政府门户网站［EB/OL］. https：//www.gd.gov.cn/zwgk/jhgh/content/post_ 4024510，2022-09-30.

［14］郭晓炜，廖志高，莫时平. 制造商主导下多级供应链减排决策研究［J］. 广西科技大学学报，2019，30（4）：110-117.

［15］郭紫君，李益兵，郭钧. 医疗器械制造企业可持续供应商选择研究［J］. 数字制造科学，2021，19（3）：233-237，242.

［16］何开伦，彭铁. 生猪绿色供应链管理模式及实施策略——以重庆市生猪产业为例［J］. 农业现代化研究，2011，32（4）：440-444.

［17］霍宝锋，王倩雯，赵先德. 供应链复杂性对组织学习和运营竞争力的影响［J］. 系统工程理论与实践，2017，37（3）：631-641.

［18］戢守峰，蓝海燕，孙琦. 考虑碳排放容忍度的多级供应链生产——库存系统碳税博弈策略［J］. 系统工程理论与实践，2017，37（8）：2071-2082.

［19］贾慧英，王宗军，曹祖毅. 探索还是利用？探索与利用的知识结构与演进［J］. 科研管理，2019，40（8）：113-125.

［20］孔繁辉，李健. 供应中断风险下 OEM 供应链弹性运作与提升策略［J］. 中国管理科学，2018，26（2）：152-159.

［21］孔庆善，达庆利. 敏捷供应链核心能力研究［J］. 东南大学学报（哲学社会科学版），2007，（1）：45-48，124.

［22］李柏洲，曾经纬. 知识搜寻与吸收能力契合对企业创新绩效的影响——知

识整合的中介作用 [J]. 科研管理, 2021, 42 (6): 120-127.

[23] 李勃, 陈明月, 杨毅, 等. 基于供应商创新性开发的绿色产品创新绩效提升策略研究 [J]. 科技进步与对策, 2020, 37 (17): 92-100.

[24] 李婧婧, 李勇建, 宋华, 等. 资源和能力视角下可持续供应链治理路径研究——基于联想全球供应链的案例研究 [J]. 管理评论, 2021, 33 (9): 326-339.

[25] 李蕾, 林家宝. 农产品电子商务对企业财务绩效的影响——基于组织敏捷性的视角 [J]. 华中农业大学学报 (社会科学版), 2019, (2): 100-109, 167-168.

[26] 李随成, 高攀. 影响制造企业知识获取的探索性因素研究——供应商网络视角 [J]. 科学学研究, 2010, 28 (10): 1540-1546.

[27] 李随成, 李勃, 张延涛. 供应商创新性、网络能力对制造企业产品创新的影响——供应商网络结构的调节作用 [J]. 科研管理, 2013, 34 (11): 103-113.

[28] 李随成, 李娜, 禹文钢, 等. 三元采购策略的影响因素研究 [J]. 南开管理评论, 2014, 17 (6): 126-138.

[29] 李垣, 陈浩然, 赵文红. 组织间学习、控制方式与自主创新关系研究——基于两种技术差异情景的比较分析 [J]. 科学学研究, 2008, 26 (1): 199-204.

[30] 廖凯诚, 张玉臣, 冷志明. 集体横向竞合与供应链敏捷性的多重中介模型 [J]. 科研管理, 2020, 41 (11): 14-24.

[31] 林康康, 柯振堃, 蒋琬. 基于动态能力的战略管理过程模型 [J]. 北京邮电大学学报: 社会科学版, 2010 (5): 7.

[32] 林向红, 李垣, 吴海滨. 组织间学习及其控制模式与企业创新关系的实证研究 [J]. 现代管理科学, 2008 (10): 15-17.

[33] 刘冰峰. 绿色供应链下供应商参与的模型构建: 来自陶瓷企业的实证研究 [J]. 企业经济, 2017, 36 (11): 131-135.

[34] 刘军军, 冯云婷, 朱庆华. 可持续运营管理研究趋势和展望 [J]. 系统

工程理论与实践，2020，40（8）：1996-2007.

［35］刘珂.供应链可视性、敏捷性与企业绩效的关系研究［J］.价格理论与实践，2019（12）：141-144，184.

［36］刘蓉，张海涛，周林，等.铸造企业可持续供应商选择研究［J］.武汉理工大学学报（信息与管理工程版），2019，41（4）：432-437.

［37］刘瑞佳，杨建君.控制类型、企业间竞合及知识创造关系研究［J］.科技进步与对策，2018，35（17）：83-90.

［38］刘旺盛，敬添俊，严浩洲，等.考虑交货周期对供应总成本影响的供应商选择［J］.上海海事大学学报，2022，43（1）：91-96.

［39］陆芬，徐和，周品.成本学习效应对供应链渠道决策的影响［J］.中国管理科学，2019，27（6）：53-63.

［40］陆杉，李丹.组织学习、关系资本与供应链绩效关系研究［J］.中南大学学报（社会科学版），2017，23（6）：77-85.

［41］吕文栋.管理层风险认知对科技保险购买意愿影响偏好实证研究.中国软科学，2015，25（2）：1006-2786.

［42］马文甲，张琳琳.企业敏捷性构建：动态能力视角下的案例研究［J］.财经问题研究，2018（7）：70-77.

［43］马占杰.对组织间关系的系统分析：基于治理机制的角度［J］.中央财经大学学报，2010（9）：86-90.

［44］牟能冶，常建鹏，陈振颂.基于PD-HFLTS与群决策理论的可持续供应商选择［J］.计算机集成制造系统，2018，24（5）：1261-1278.

［45］彭灿，李瑞雪，杨红，等.动态及竞争环境下双元创新与企业可持续发展关系研究［J］.科技进步与对策，2020，37（15）：70-79.

［46］彭灿.供应链中的知识流动与组织间学习［J］.科研管理，2004（3）：81-85.

［47］戚筱雯，张俊岭，梁昌勇.基于犹豫模糊元最小公倍数拓展法及模糊熵的双边概率语言多准则决策方法［J］.系统工程理论与实践，2022，42（8）：2243-2257.

［48］屈挺，贾东元，王宗忠，等. 基于物联网的"生产—物流"实时联动方法和系统［J］. 物流科技，2014，37（7）：1-4.

［49］茹改霞. 可持续供应商选择的模糊层次分析法［J］. 物流工程与管理，2020，42（12）：153-155.

［50］阮国祥. 跨组织即兴、供应链敏捷性和新产品开发绩效——环境动态性的调节效应［J］. 当代经济管理，2021，43（12）：19-24.

［51］宋华，麦孟达. 供应链知识管理及其二元能力对企业绩效的影响［J］. 中国流通经济，2018，32（12）：61-72.

［52］苏中锋，李嘉. 控制机制对组织学习与企业绩效关系的影响研究［J］. 研究与发展管理，2012，24（2）：28-33.

［53］孙广磊，李小申，尚有林. 基于时变需求的集成多级供应链生产订货策略研究［J］. 运筹学学报，2019，23（4）：143-154.

［54］孙新波，李祎祯，张明超. 智能制造企业数字化赋能供应链敏捷性实现机理的案例研究［J］. 管理学报，2023，20（8）：1116-1127.

［55］孙新波，钱雨，张明超，等. 大数据驱动企业供应链敏捷性的实现机理研究［J］. 管理世界，2019，35（9）：133-151，200.

［56］覃艳华，曹细玉，宋巧娜. 提升供应链应对突发事件应急管理能力的策略［J］. 企业经济，2013，32（2）：65-68.

［57］王栋，陈永广. 控制机制对企业获取创新绩效的影响研究［J］. 科学学研究，2010，28（8）：7.

［58］王平，陈明涛，葛世伦. 基于云的信息系统对价值链绩效影响的实证研究：协同的中介效应［J］. 管理评论，2021，33（7）：143-153.

［59］王伟静，孙宝忠，陈晨，等. 炖制牛肉食用品质关键评价指标筛选［J］. 食品研究与开发，2017，38（6）：1-5.

［60］王永贵，王娜，赵宏文. 组织记忆、组织学习与供应商创新能力关系研究——基于外包情境的实证研究［J］. 科研管理，2014，35（10）：1-8.

［61］王治莹，冉陈，常志朋，等. 基于多次重复博弈的突发公共事件网络舆

情演化机理与协同治理 [J]. 电子科技大学学报（社会科学版），2022，24（5）：65-72.

[62] 王梓萌，刘洁昊. 浅析突发事件下应急供应链发展策略研究 [J]. 中国物流与采购，2022，641（4）：105.

[63] 温忠麟，叶宝娟. 中介效应分析：方法和模型发展 [J]. 心理科学进展，2014，22（5）：731-745.

[64] 吴丹. 凸显企业社会责任的饭店供应商管理研究 [J]. 江苏商论，2010（12）：46-48.

[65] 吴阳，姚建明，全嫦哲. 国有企业的供应商优选决策研究——兼顾政策性负担与经济性目标 [J]. 运筹与管理，2021，30（1）：63-70.

[66] 肖利平，刘点仪. 客户企业创新驱动了上游企业探索式创新吗？——创新的反向传导效应研究 [J]. 外国经济与管理，2023，45（8）：83-100.

[67] 熊胜绪. 动态能力理论的战略管理思想及其理论基础探析 [J]. 企业经济，2011，30（6）：5-9.

[68] 熊焰. 控制机制、合作行为与供应商绩效关系研究 [J]. 管理科学，2009，22（1）：9.

[69] 杨红雄，任婉茹. 供应链网络能力、柔性能力与双元即兴能力——基于模糊集定性比较分析 [J]. 大连理工大学学报（社会科学版），2023，44（4）：54-62.

[70] 杨怀珍，胡葛君. 基于事故树与贝叶斯网络的农产品供应链风险评估 [J]. 江苏农业科学，2020，48（5）：304-310.

[71] 杨瑾. 关键供应商特性对复杂产品供应链协同的影响 [J]. 华东经济管理，2015，29（5）：127-132.

[72] 杨林波，干晨静. 供应链整合与 NPD 绩效：二元创新和技术动荡的作用 [J]. 2022，34（6）：130-142.

[73] 杨倩. 多级供应链网络采购决策优化 [D]. 宁波：宁波大学，2020.

[74] 杨艳玲，田宇. 供应链管理实践、供应链敏捷性对企业绩效的影响研究 [J]. 商业经济与管理，2015（9）：13-19，96.

［75］杨永旭，刘吉林. 基于 ISM 的可持续供应商绩效影响因素分析 ［J］. 物流科技，2020，43（6）：41-45.

［76］叶枫，林正品. 大数据分析能力、供应链敏捷性与企业竞争优势关系 ［J］. 科技与经济，2021，34（5）：71-75.

［77］尤筱玥，雷星晖，石涌江. 基于汽车轻量化设计的绿色供应商评价准则研究 ［J］. 科技管理研究，2018，38（16）：45-51.

［78］尤筱玥，雷星晖，杨迷影. 可持续供应商的概念界定及评价准则研究 ［J］. 上海管理科学，2019，41（2）：1-7.

［79］尤筱玥，雷星晖. 政府采购的可持续供应商评价准则研究 ［J］. 上海管理科学，2020，42（2）：1-8.

［80］于茂荐，孙元欣. 企业如何从供应商创新中获益——基于技术知识基础多元度视角的实证研究 ［J］. 系统管理学报，2021，30（5）：948-960.

［81］张光明，徐飞. 基于竞争优势的供应链属性基本框架 ［J］. 企业管理，2015（4）：104-106.

［82］张华，顾新. 供应链数字化与制造企业竞争优势的关系研究——供应链弹性的中介效应 ［J/OL］. 中国管理科学，2024-12-19. https://doi.org/10.16381/j.cnki.issn1003-207x.2022.1240.

［83］张洁. 零售企业模块化战略与企业绩效相关性分析：供应链敏捷性的中介效应 ［J］. 商业经济研究，2021（4）：111-114.

［84］张金隆，丛国栋，陈涛. 基于交易成本理论的 IT 外包风险控制策略研究综述 ［J］. 管理学报，2009，6（1）：126-134.

［85］张树山，谷城. 供应链数字化与供应链韧性 ［J］. 财经研究，2023，39（18）：169-173.

［86］张振刚，林丹. 一流制造企业创新能力评价体系的构建 ［J］. 统计与决策，2021，37（4）：181-184.

［87］赵昌平，徐晓江，龚宇. 基于复杂网络博弈的跨国企业供应链学习机制研究 ［J］. 供应链管理，2020，1（5）：39-58.

［88］赵川，李璐瑶，杨浩雄，等. 自适应控制对多级库存延迟问题的优化研

究［J］. 计算机工程与应用, 2022, 58 (17)：285 297.

［89］赵新华, 王兆君. 生命周期视角下企业社会责任披露差异实证研究 ［J］. 技术经济, 2019, 38 (4)：66-72.

［90］郑思睿, 潘卫军, 江艳军, 等. 基于模糊集理论——贝叶斯网络的尾流事故机理分析 ［J］. 舰船电子工程, 2022, 42 (3)：135-141.

［91］周和荣. 敏捷企业理论研究综述 ［J］. 中国科技论坛, 2007, (9)：64-68, 144.

［92］周建频, 周小番. 适应动态需求的供应链多级库存系统仿真 ［J］. 集美大学学报 (自然科学版), 2021, 26 (3)：228-233.

［93］周全, 董战峰, 潘若曦.《2019 年实现可持续发展目标所需转变及其指数和指示板全球报告》分析与政策建议 ［J］. 环境与可持续发展, 2021, 46 (1)：95-101.

［94］周宇, 仲伟俊, 梅姝娥. 信息系统提升企业敏捷性的机制研究 ［J］. 科学学与科学技术管理, 2015, 36 (7)：70-83.

［95］周长辉, 曹英慧. 组织的学习空间：紧密度、知识面与创新单元的创新绩效 ［J］. 管理世界, 2011 (4)：84-97, 188.

［96］朱连燕, 吴锋, 欧阳林寒. 基于 Kriging 元模型的多级供应链稳健优化设计 ［J］. 计算机集成制造系统, 2024, 30 (1)：396.

［97］朱新球, 程国平. 弹性供应链研究述评 ［J］. 中国流通经济, 2011, 25 (3)：5.

［98］朱新球. 供应链弹性如何影响供应链绩效：可持续性的中介效应 ［J］. 中国流通经济, 2019, 33 (12)：13.

［99］Ağan Y, Kuzey C, Acar M F, et al. The relationships between corporate social responsibility, environmental supplier development, and firm performance ［J］. Journal of cleaner production, 2016, 112：1872-1881.

［100］Aitken J, Harrison A. Supply governance structures for reverse logistics systems ［J］. International Journal of Operations and Production Management, 2013, 33 (6)：745-764.

［101］ Aldhaheri R T, Ahmad S Z. Factors affecting organisations' supply chain agility and competitive capability ［J］. Business Process Management Journal, 2023, 29 （2）: 505-527.

［102］ Ali I, Nagalingam S, Gurd B. Building resilience in smes of perishable product supply chains: enablers, barriers and risks ［J］. Production Planning & Control. 2017 （4）: 1-15.

［103］ Altay N, Gunasekaran A, Dubey R, et al. Agility and resilience as antecedents of supply chain performance under moderating effects of organizational culture within the humanitarian setting: a dynamic capability view ［J］. Production planning & control, 2018 （14）: 1158-1174.

［104］ Amoako-Gyampah K, Boakye K G, Adaku E, et al. Supplier relationship management and firm performance in developing economies: A moderated mediation analysis of flexibility capability and ownership structure ［J］. International Journal of Production Economics, 2019, 208: 160-170.

［105］ Aslam H, Blome C, Roscoe S, et al. Determining the antecedents of dynamic supply chain capabilities ［J］. Supply Chain Management, 2020, 25 （4）: 427-442.

［106］ Aslam H, Blome C, Roscoe S, et al. Dynamic supply chain capabilities: how market sensing supply chain agility and adaptability affect supply chain ambidexterity ［J］. International Journal of Operations and Production Management, 2018, 12: 2266-2285.

［107］ Bag S, Gupta S, Foropon C. Examining the role of dynamic remanufacturing capability on supply chain resilience in circular economy ［J］. Management Decision, 2019, 57 （4）: 863-885.

［108］ Bai C, Kusi-Sarpong S, Khan S A, et al. Sustainable buyer-supplier relationship capability development: a relational framework and visualization methodology ［J］. Annals of Operations Research, 2021, 304: 1-34.

［109］ Bai C, Sarkis J, Wei X, et al. Evaluating ecological sustainable performance measures for supply chain management [J]. Supply Chain Management: An International Journal, 2012, 17 (1): 78-92.

[110] Bai C, Kusi-Sarpong S, Badri Ahmadi H, et al. Social Sustainable Supplier Evaluation and Selection: A Group Decision-Support Approach [J]. International Journal of Production Research, 2019, 57 (22): 7046-7067.

[111] Bai C, Sarkis J, Yin F, et al. Sustainable supply chain flexibility and its relationship to circular economy-target performance [J]. International Journal of Production Research, 2019, 58 (19): 5893-5910.

[112] Bai C, Sarkis J. Integrating Sustainability into Supplier Selection with Grey System and Rough set Methodologies [J]. International Journal of Production Economics, 2010, 124 (1): 252-264.

[113] Batista L, Bourlakis M, Smart P, et al. In search of a circular supply chain archetype-acontent-analysis-based literature review [J]. Production Planning & Control, 2018, 29 (6): 438-451.

[114] Battleson D A, West B C, Kim J, et al. Achieving dynamic capabilities with cloud computing: an empirical investigation [J]. European Journal of Information Systems, 2016, 25 (3): 209-230.

[115] Bernon M, Tjahjono B, Ripanti E F. Aligning retail reverse logistics practice with circular economy values: an exploratory framework [J]. Production Planning & Control, 2018, 29 (6): 483-497.

[116] Bhamra R, Dani S, Burnard K. Resilience: the concept, a literature review and future directions [J]. International Journal of Production Research, 2011, 49 (18): 5375-5393.

[117] Blome C., Schoenherr T., Rexhausen D. Antecedents and enablers of supply chain agility and its effects on firm performance: A dynamic capabilities perspective [J]. International Journal of Production Research, 2013, 51: 1295-1318.

[118] Bode C, Macdonald J R. Stages of supply chain disruption response: Direct,

constraining, and mediating factors for impact mitigation [J]. Decision Sciences, 2016, 48: 836-874.

[119] Brusset X, Teller C. Supply Chain Capabilities, Risks, and Resilience [J]. International Journal of Production Economics, 2017, 184: 59-68.

[120] Büyüközkan G, Kayakutlu G, Karakadılar İ S. Assessment of lean manufacturing effect on business performance using Bayesian Belief Networks [J]. Expert Systems with Applications, 2015, 42 (19): 6539-6551.

[121] Cadden T, McIvor R, Cao G, et al. Unlocking supply chain agility and supply chain performance through the development of intangible supply chain analytical capabilities [J]. International Journal of Operations and Production Management, 2022, 42 (9): 1329-1355.

[122] Chen M, Liu Q, Huang S, et al. Environmental cost control system of manufacturing enterprises using artificial intelligence based on value chain of circular economy [J]. Enterprise Information Systems, 2022, 16 (8): 185-642.

[123] Chen P K, Ye Y, Hu X. The metaverse in supply chain knowledge sharing and resilience contexts: an empirical investigation of factors affecting adoption and acceptance [J]. Journal of Innovation and Knowledge, 2023, 8 (4): 100-446.

[124] Cheng J, Lu K. Enhancing effects of supply chain resilience: Insights from trajectory and resourcebased perspectives [J]. Supply Chain Management: An International Journal, 2017, 22: 329-340.

[125] Cherian T M, Mathivathanan D., Arun C J, et al. Influence of supply chain resilience, information technology capabilities and agility on cost and delivery performance in construction supply chains: an Indian perspective [J]. The International Journal of Logistics Management, 2023, 34 (4): 1050-1076.

[126] Chiou T Y, Chan H K, Lettice F, et al. The influence of greening the sup-

pliers and green innovation on environmental performance and competitive advantage in Taiwan [J]. Transportation Research Part E, 2011, 47 (6): 822-836.

[127] Cruz J M, Liu Z. Modeling and analysis of the multiperiod effects of social relationship on supply chain networks [J]. European Journal of Operational Research, 2011, 214 (1): 39-52.

[128] Cui L, Wu H, Wu L, et al. Investigating the relationship between digital technologies, supply chain integration and firm resilience in the context of COVID-19 [J]. Annals of Operations Research, 2022, 327: 825-853.

[129] Cui L, Wu H, Dai J. Modelling flexible decisions about sustainable supplier selection inmultitier sustainable supply chain management [J]. International Journal of Production Research, 2022: 1-22.

[130] Cui L, Wu H, Dai J. Modelling flexible decisions about sustainable supplier selection inmultitier sustainable supply chain management [J]. International Journal of Production Research, 2023, 61 (14): 4603-4624.

[131] De Angelis R, Howard M, Miemczyk J. Supply chain management and the circular economy: towards the circular supply chain. [J]. Production Planning & Control, 2018, 29 (6): 425-437.

[132] Despeisse M, Baumers M, Brown P, et al. Unlocking value for a circular economy through 3D printing: A research agenda [J]. Technological Forecasting and Social Change, 2017, 115: 75-84.

[133] Dominik E, Matthias G, Constantin B, et al. The performance impact of supply chain agility and supply chain adaptability: the moderating effect of product complexity [J]. International Journal of Production Research, 2015, 53 (10): 3028-3046.

[134] Dou Y, Zhu Q, Sarkis J. Evaluating green supplier development programs with a grey-analytical network process-based methodology [J]. European Journal of Operational Research, 2014, 233 (2): 420-431.

［135］ Du Y, Hu X, Vakil K. Systematic literature review on the supply chain agility for manufacturer and consumer ［J］. Systematic Literature Reviews, 2021, 45 (4): 581-616.

［136］ Dubey R, Gunasekaran A, Childe S J, et al. Supplier relationship management for circular economy ［J］. Management Decision, 2019, 57 (4): 767-790.

［137］ Durach C F, Machuca J A D. A matter of perspective-The role of interpersonal relationships in supply chain risk management ［J］. International Journal of Operations and Production Management, 2018, 38: 1866-1887.

［138］ Durcikova A, Fadel K, Butler B, et al. Knowledge exploration and exploitation: the impacts of psychological climate and knowledge management system access ［J］, Information System Research, 2011, 22 (4): 855-866.

［139］ Dwivedi Y K, Shareef M A, Akram M S, et al. Examining the effects of enterprise social media on operational and social performance during environmental disruption ［J］. Technological Forecasting and Social Change, 2022, 175: 121-364.

［140］ Eckstein D, Goellner M, Blome C, et al. The performance impact of supply chain agility and supply chain adaptability: the moderating effect of product complexity ［J］. International Journal of Production Research, 2014, 53 (10): 3028-3046.

［141］ Fan D, Xiao C, Zhang X, et al. Gaining customer satisfaction through sustainable supplier development: The role of firm reputation and marketing communication ［J］. Transportation Research Part E: Logistics and Transportation Review, 2021, 154: 102-453.

［142］ Fayezi S, Zuitshi A, O'Loughlin A. How Australian manufacturing firms perceive and understand the concepts of agility and flexibility in the supply chain ［J］. International Journal of Operations and Production Management, 2015, 35 (2): 248-281.

[143] Ferreira L, Borenstein D. A fuzzy-Bayesian model for supplier selection [J]. Expert Systems with Applications, 2012, 39 (9): 7834-7844.

[144] Fosso W S, Queiroz M M, Trinchera L. Dynamics between blockchain adoption determinants and supply chain performance: an empirical investigation [J]. International Journal of Production Economics, 2020 (229): 107-791.

[145] Frank A G, Dalenogare L S, Ayala N F. Industry 4. 0 technologies: Implementation patterns in manufacturing companies [J]. International Journal of Production Economics, 2019, 210: 15-26.

[146] Gajanand M S, Narendran T T. Green route planning to reduce the environmental impact of distribution [J]. International Journal of Logistics Research and Applications, 2013, 16 (5): 410-432.

[147] Genovese A, Acquaye A A, Figueroa A, et al. Sustainable supply chain management and the transition towards a circular economy: Evidence and some applications. [J]. Omega, 2017, 66: 344-357.

[148] Genovese A, Koh S C L, Kumar N, et al. Exploring the challenges in implementing supplier environmental performance measurement. models: a case study [J]. Production Planning & Control, 2014, 25 (13-14): 1198-1211.

[149] Ghadge A, Kidd E, Bhattacharjee A, et al. Sustainable Procurement Performance of Large Firms Across Supply Chain Tiers and Geographic Regions [J]. International Journal of Production Research, 2019, 57 (3): 764-778.

[150] Giannoccaro I. Adaptive supply chains in industrial districts: a complexity science approach focused on learning [J]. International Journal of Production Economics, 2015, 170: 576-589.

[151] Gligor D M, Esmark C L, Holcomb M C. Performance outcomes of supply chain agility: When should you be agile? [J]. Journal of Operations Man-

agement, 2015 (33-34): 71-82.

[152] Gligor D M, Holcomb M C, Stank T P A. Multidisciplinary Approach to Supply Chain Agility: Conceptualization and Scale Development [J]. Journal of Business Logistics, 2013, 34 (2): 94-108.

[153] Golgeci I, Kuivalainen O. Does social capital matter for supply chain resilience? the role of absorptive capacity and marketing-supply chain management alignment [J]. Industrial marketing management, 2020, 84: 63-74.

[154] Govindan K, Hasanagic M. A systematic review on drivers, barriers, and practices towards circular economy: a supply chain perspective [J]. International Journal of Production Research, 2018, 56 (1-2): 278-311.

[155] Green K W, Zelbst P J, Bhadauria V S, et al. Do environmental collaboration and monitoring enhance organizational performance? [J]. Industrial Management & Data Systems, 2012, 112 (2): 186-205.

[156] Gu M, Yang L, Huo B. Patterns of information technology use: Their impact on supply chain resilience and performance [J]. International Journal of Production Economics, 2020, 232: 107-956.

[157] Gualandris J, Kalchschmidt M. Developing environmental and social performance: the role of suppliers' sustainability and buyer-supplier trust [J]. International Journal of Production Research, 2016, 54 (8): 2470-2486.

[158] Ha B C, Park Y K, Cho S. Suppliers' affective trust and trust in competency in buyers: Its' effect on collaboration and logistics efficiency [J]. International Journal of Operations & Production Management, 2011, 31 (1): 56-77.

[159] Hartmann J, Moeller S. Chain liability inmultitier supply chains? Responsibility attributions for unsustainable supplier behavior [J]. Journal of Operations Management, 2014, 32 (5): 281-294.

[160] Hashemi S H, Karimi A, Tavana M. An Integrated Green Supplier Selection Approach with Analytic Network Process and Improved Grey Relational Anal-

ysis [J]. International Journal of Production Economics, 2015, 159: 178-191.

[161] Hernández-Espallardo M, Rodríguez-Orejuela A, Sánchez-Pérez M. Inter-organizational governance, learning and performance in supply chains [J]. Supply Chain Management: An International Journal, 2010, 15 (2): 101-114.

[162] Hofmann H, Schleper M C, Blome C. Conflict minerals and supply chain due diligence: an exploratory study of multi-tier supply chains [J]. Journal of Business Ethics, 2018, 147 (1): 115-141.

[163] Hollos D, Blome C, Foerstl K. Does sustainable supplier co-operation affect performance? Examining implications for the triple bottom line [J]. International Journal of Production Research, 2011, 50 (11): 1-19.

[164] Hora M, Bapuji H, Roth A V. Safety hazard and time to recall: The role of recall Strategy, product defect type, and supply chain player in the U.S. toy industry [J]. Journal of Operations Management, 2011, 29 (7-8): 766-777.

[165] Hsu Y L, Lee C H, Kreng V B. The application of fuzzy delphi method and fuzzy AHP in lubricant regenerative technology selection [J]. Expert Systems with Applications, 2010, 37 (1): 419-425.

[166] Huang J W, Li Y H. Green innovation and performance: The view of organizational capability and social reciprocity [J]. Journal of Bussiness Ethics, 2017, 145: 309-324.

[167] Huang X, Kristal M M, Schroeder R G. Linking learning and effective process implementation to mass customization capabilities [J]. Journal of Operations Management, 2007, 26 (6): 714-726.

[168] Hult G T M. Managing the international strategic sourcing process as a market-driven organizational learning system [J]. Decision Sciences, 2010, 29 (1): 193-216.

［169］ Huo B, Haq M Z U, Gu M. The impact of information sharing on supply chain learning and flexibility performance ［J］. International Journal of Production Research, 2021, 59 (5): 1411-1434.

［170］ Huo B, Haq M Z U, Gu M. The impact of IT application on supply chain learning and service performance ［J］. Industrial Management and Data Systems, 2020, 120 (1): 1-20.

［171］ Im G, Rai A. Knowledge sharing ambidexterity in long-term interorganizational relationships ［J］. Management Science, 2008, 54 (7): 1281-1296.

［172］ Irani Z, Kamal M M, Sharif A, et al. Enabling sustainable energy futures: factors influencing green supply chain collaboration ［J］. Production Planning & Control, 2017, 28 (6-8): 684-705.

［173］ Irfan I, Sumbal M S U K, Khurshid F, et al. Toward a resilient supply chain model: critical role of knowledge management and dynamic capabilities ［J］. Industrial management & data systems, 2022, 122 (5): 1153-1182.

［174］ Jaeger B, Upadhyay A. Understanding barriers to circular economy: cases from the manufacturing industry ［J］. Journal of Enterprise Information Management, 2020, 33 (4): 729-745.

［175］ Jayaram J, Xu K, Nicolae M. The direct and contingency effects of supplier coordination and customer coordination on quality and flexibility performance ［J］. International Journal of Production Research, 2011, 49 (1): 59-85.

［176］ Juneho U, Han N. Understanding the relationships between global supply chain risk and supply chain resilience: the role of mitigating strategies ［J］. Supply Chain Management, 2021, 26 (2): 240-255.

［177］ Jüttner U, Maklan S. Supply chain resilience in the global financial crisis: an empirical study ［J］. Supply Chain Management: An International Journal, 2011, 16 (4): 246-259.

［178］ Kadiyala B, Zer Z, Bensoussan A. A mechanism design approach to vendor managed inventory [J]. Management Science, 2020, 66 (6): 2628-2652.

[179] Kaitlin D. W., Christopher A. B. So many recalls, so little research: a review of the literature and roadmap for future research [J]. Journal of Supply Chain Management, 2015, 51 (4): 23-36.

[180] Kamalahmadi M, Shekarian M, Mellat Parast M. The impact of flexibility and redundancy on improving supply chain resilience to disruptions [J]. International Journal of Production Research, 2022, 1992-2020.

[181] Kauppi K, Longoni A, Caniato F, et al. Managing country disruption risks and improving operational performance: risk management along integrated supply chains [J]. International Journal of Production Economics, 2016, 182: 484-495.

[182] Kaya R, Yet B. Building Bayesian networks based on dematel for multiple criteria decision problems: a supplier selection case study [J]. Expert Systems with Applications, 2019, 134: 234-248.

[183] Khan H, Wisner J D. Supply Chain Integration, Learning, and Agility: Effects on Performance [J]. Journal of Operations and Supply Chain Management, 2019, 12 (1): 14-23.

[184] Khan M, Hussain M, Cardenas-Barron L E. Learning and screening errors in an EPQ inventory model for supply chains with stochastic lead time demands [J]. International Journal of Production Research, 2017, 55 (16): 4816-4832.

[185] Kim D. Understanding supplier structuralembeddedness: A social network perspective [J]. Journal of Operations Management, 2014, 32 (5), 219-231.

[186] Kopyto M, Lechler S, Gracht H A, et al. Potentials of blockchain technology in supply chain management: long-term judgments of an international expert panel [J]. Technological Forecasting and Social Change, 2020, 161: 120-330.

[187] Kraft T, Valdes L, Zheng Y C. Motivating supplier social responsibility under incomplete visibility [J]. Manufacturing & Service Operations Management, 2020, 22 (6): 1268-1286.

[188] Kristal M M, Huang X W, Roth A V. The effect of an ambidextrous supply chain strategy on combinative competitive capabilities and business performance [J]. Journal of Operations Management, 2010, 28 (5): 415-429.

[189] Kumar V, Jabarzadeh Y, Jeihouni P, et al. Learning orientation and innovation performance: the mediating role of operations strategy and supply chain integration [J]. Supply Chain Management, 2020, 25 (4): 457-474.

[190] Kuo R J, Lin Y J. Supplier selection using analytic network process and data envelopment analysis [J]. International Journal of Production Research, 2012, 50 (11): 2852-2863.

[191] Langer N, Mani D. Impact of formal controls on client satisfaction and profitability in strategic outsourcing contracts [J]. Journal of Management Information Systems, 2018, 35: 998-1030.

[192] Lechler S, Canzaniello A, Hartmann E. Assessment sharing intra-industry strategic alliances: effects on sustainable supplier management within multi-tier supply chains [J]. International Journal of Production Economics, 2019, 217: 64-77.

[193] Lee H L. The triple-A supply chain [J]. Harvard Business Review, 2004, 82 (10): 102.

[194] Lee S M, Rha J S. Ambidextrous supply chain as a dynamic capability: building a resilient supply chain [J]. Management Decision, 2016, 54 (1): 2-23.

[195] Li Y, Dai J, Cui L. The impact of digital technologies on economic and environmental performance in the context of industry 4.0: A moderated mediation model [J]. International Journal of Production Economics, 2020, 229:

107-777.

[196] Lin Y, Fan D, Shi X, et al. The effects of supply chain diversification during the COVID-19 crisis: Evidence from Chinese manufacturers [J]. Transportation Research Part E: Logistics and Transportation Review, 2021, 155: 102-493.

[197] Liu H, Ke W, Wei K K, et al. Moderating role of ownership type in the relationship between market orientation and supply chain integration in E-business in China [J]. Journal of Global Information Management, 2014, 22 (6): 34-53.

[198] Liu S. Effects of control on the performance of information systems projects: The moderating role of complexity risk [J]. Journal of Operations Management, 2015, 36: 46-62.

[199] Liu W, Wei W, Choi T M, et al. Impacts of leadership on corporate social responsibility management in multi-tier supply chains [J]. European Journal of Operational Research, 2022, 299 (2): 483-496.

[200] Liu X, Tse Y K, Wang S, et al. Unleashing the power of supply chain learning: an empirical investigation [J]. International Journal of Operations and Production Management, 2023, 43 (8): 1250-1276.

[201] Liu Y, Li Y, Zhang L. Control mechanisms across a buyer-supplier relationship quality matrix [J]. Journal of Business Research, 2010, 63: 3-12.

[202] Lorentz H, Laari S, Engblom J, et al. Attention-based view on achieving ambidexterity in purchasing and supply management [J]. Journal of Purchasing and Supply Management, 2019, 25 (5): 100-560.

[203] Luthra S, Mangla S K, Shankar R, et al. Modelling critical success factors for sustainability initiatives in supply chains in Indian context using Grey-Dematel [J]. Production Planning & Control, 2018, 29 (9): 705-728.

[204] Lyons A C, Ma'aram A. An examination of Multi-Tier supply chain strategy alignment in the food industry [J]. International Journal of Production Re-

search, 2014, 52（7）: 1911-1925.

[205] Mangla S K, Luthra S, Mishra N, et al. Barriers to effective circular supply chain management in a developing country context [J]. Production Planning & Control, 2018, 29（6）: 551-569.

[206] Manupati V K, Schoenherr T, Ramkumar M, et al. A Blockchain－Based Approach for a Multi－Echelon Sustainable Supply Chain [J]. International Journal of Production Research, 2020, 58（7）: 2222-2241.

[207] Masi D, Kumar V, Garza－Reyes J A, et al. Towards a more circular economy: exploring the awareness, practices, and barriers from a focal firm perspective [J]. Production Planning & Control, 2018, 29（6）: 539-550.

[208] Mena C, Humphries A, Choi T Y. Toward a Theory of Multi－Tier Supply Chain Management [J]. Journal of Supply Chain Management, 2013, 49（2）: 58-77.

[209] Mena C, Schoenherr T. The green contagion effect: an investigation into the propagation of environmental practices across multiple supply chains tiers [J]. International Journal of Production Research, 2020, 1-18.

[210] Mohammed A. Towards a sustainable assessment of suppliers: an integrated fuzzy TOPSIS-possibilistic multi－objective approach [J]. Annals of Operations Research, 2020, 293（2）: 639-668.

[211] Mola L, Russo I, Giangreco A, et al. Who knows what? Reconfiguring the governance and the capabilities of the supply chain between physical and digital processes in the fashion industry [J]. Production Planning and Control, 2017, 28（16）: 1284-1297.

[212] Morali O, Searcy C. A Review of Sustainable Supply Chain Management Practices in Canada [J]. Journal of Business Ethics, 2013, 117（3）: 635-658.

[213] Morgan N A, Zou S, Vorhies D W, et al. Experiential and informational knowledge, architectural marketing capabilities, and the adaptive performance

of export ventures: a cross-national study [J]. Decision Sciences, 2010, 34 (2): 287-321.

[214] Mukherjee D, Gaur A S, Gaur S S, et al. External and internal influences on R&D alliance formation: Evidence from German SMEs [J]. Journal of Business Research, 2013, 66 (11): 2178-2185.

[215] Nath V, Agrawal R. Agility and lean practices as antecedents of supply chain social sustainability [J]. International Journal of Operations and Production Management, 2020, 40 (10): 1589-1611.

[216] Nielsen B B, Gudergan S. Exploration and exploitation fit and performance in international strategic alliances [J]. International Business Review, 2012, 21 (4): 558-574.

[217] Ojha D, Shockley J, Acharya C. Supply chain organizational infrastructure for promoting entrepreneurial emphasis and innovativeness: the role of trust and learning [J]. International Journal of Production Economics, 2016, 179: 212-227.

[218] Ojha D, Acharya C, Cooper D. Transformational leadership and supply chain ambidexterity: Mediating role of supply chain organizational learning and moderating role of uncertainty [J]. International Journal of Production Economics, 2018a, 197: 215-231.

[219] Ojha D, Struckell E, Acharya C, et al. Supply chain organizational learning, exploration, exploitation, and firm performance: a creation-dispersion perspective [J]. International Journal of Production Economics, 2018b, 204: 70-82.

[220] Ojha R, Ghadge A, Tiwari M K, et al. Bayesian network modelling for supply chain risk propagation [J]. International Journal of Production Research, 2018c, 56 (17): 5795-5819.

[221] Patwa N, Sivarajah U, Seetharaman A, et al. Towards a circular economy: An emerging economies context [J]. Journal of Business Research, 2021,

122: 725-735.

[222] Pettit T J, Croxton K L, Fiksel J. Ensuring Supply Chain Resilience: Development and Implementation of an Assessment Tool [J]. Journal of Business Logistics, 2013, 34 (1): 46-76.

[223] Rehman Khan S A, Yu Z, Sarwat S, et al. The role of block chain technology in circular economy practices to improve organisational performance [J]. International Journal of Logistics Research and Applications, 2022, 25 (4-5): 605-622.

[224] Rhee J H, Kim J W, Lee J. Interaction effects of formal and social controls on business-to-business performance [J]. Journal of Business Research, 2014, 67 (10): 2123-2131.

[225] Ritola I, Krikke H, Caniëls M C J. Learning-based dynamic capabilities in closed-loop supply chains: an expert study [J]. The International Journal of Logistics Management, 2022, 33 (5): 69-84.

[226] Rojo A, Stevenson M, Llorens Montes F J, et al. Supply chain flexibility in dynamic environments [J]. International journal of operations & production management, 2018, 38 (3): 636-666.

[227] Sahi G K, Gupta M C, Cheng T C E, et al. Mitigating the tension in pursuit of operational ambidexterity: The roles of knowledge development and bricolage [J]. International Journal of Production Economics, 2021, 239: 108-201.

[228] Sarkis J, Dhavale D G. Supplier selection for sustainable operations: A triple-bottom-line approach using a Bayesian framework [J]. International Journal of Production Economics, 2015, 166: 177-191.

[229] Sarkis J, Zhu Q. Environmental Sustainability and Production: Taking the Road Less Travelled [J]. International Journal of Production Research, 2018, 56 (1-2): 743-759.

[230] Sarkis J. A boundaries and flows perspective of green supply chain manage-

ment [J]. Supply Chain Management: An International Journal, 2012, 17 (2): 202-216.

[231] Saroha M, Garg D, Luthra S. Pressures in implementation of circular supply chain management for sustainability [J]. Management of Environmental Quality: An International Journal, 2020, 31 (5): 1091-1110.

[232] Sawik T. Selection of resilient supply portfolio under disruption risks [J]. Omega, 2013, 41 (2): 259-269.

[233] Schoenherr T, Griffith D A, Chandra A. Knowledge Management in Supply Chains: The Role of Explicit and Tacit Knowledge [J]. Journal of Business Logistics, 2014, 35 (2): 121-135.

[234] Scholten K, Schilder S. The role of collaboration in supply chain resilience [J]. Supply Chain Management: An International Journal, 2015, 20: 471-484.

[235] Sezer M D, Ozbiltekin-Pala M, Kazancoglu Y, et al. Investigating the role of knowledge-based supply chains for supply chain resilience by graph theory matrix approach [J]. Operations Management Research, 2023 (16): 1222-1230.

[236] Shekarian M, Nooraie S V R, Parast M M. An examination of the impact of flexibility and agility on mitigating supply chain disruptions [J]. International Journal of Production Economics, 2019: 107-438.

[237] Singh J, Pandey K K, Kumar A. et al. Drivers, barriers and practices of net zero economy: An exploratory knowledge-based supply chain multi-stakeholder perspective framework [J]. Operations Management Research, 2022, 27 (16): 1059-1090.

[238] Soana M G. The relationship between corporate social performance and corporate financial performance in the banking sector [J]. Journal of Business Ethics, 2011, 104 (1): 133-148.

[239] Souza-Luz A R, Gavronski I. Ambidextrous supply chain managers in a slow

clockspeed industry: evidence from a Brazilian adhesive manufacturer [J]. Supply Chain Management, 2020, 25 (1): 101-114.

[240] Stouthuysen K, Slabbinck H, Roodhooft F. Controls, service type and perceived supplier performance in interfirm service exchanges [J]. Journal of Operations Management, 2012, 30: 423-435.

[241] Su B, Heshmati A, Geng Y, et al. A review of the circular economy in China: moving from rhetoric to implementation [J]. Journal of Cleaner Production, 2013, 42: 215-227.

[242] Sun S, Hu L. Workers wanted: Changing employee accessibility with industrial development-evidence from Foxconn [J]. Transportation Research Part D: Transport and Environment, 2020, 80: 102-264.

[243] Tachizawa E M, Wong C Y. Towards a Theory of Multi-Tier Sustainable Supply Chains: A Systematic Literature Review [J]. Supply Chain Management: An International Journal, 2014, 19 (5/6): 643-663.

[244] Tai J C F, Wang E T G, Yeh H Y. A study of IS assets, IS ambidexterity, and IS alignment: the dynamic managerial capability perspective [J]. Information and Management, 2019, 56 (1): 55-69.

[245] Tao Z, Li S, Ray S, et al. Manufacturers' tailored responses to powerful supply chain partners [J]. Supply Chain Management, 2022, 27 (3): 431-450.

[246] Tatikonda M V, Rosenthal S R. Successful execution of product development projects: Balancing firmness and flexibility in the innovation process [J]. Journal of Operations Management, 2000 (18): 401-425.

[247] Tiwana A. Systems Development Ambidexterity: Explaining the Complementary and Substitutive Roles of Formal and Informal Controls [J]. Journal of Management Information Systems, 2010, 27 (2): 87-126.

[248] Tse Y K, Tan K H. Managing Product Quality Risk in a Multi-Tier Global Supply Chain [J]. International Journal of Production Research, 2011, 49

（1）. 139 158.

［249］ Tseng M L, Ha H M, Wu K J, et al. Healthcare industry circular supply chain collaboration in Vietnam: vision and learning influences on connection in a circular supply chain and circularity business model ［J］. International Journal of Logistics Research and Applications, 2022, 25 （4-5）: 743-768.

［250］ Tukamuhabwa B R, Stevenson M, Busby J, et al. Supply chain resilience: definition, review and theoretical foundations for further study ［J］. International Journal of Production Research, 2015, 53 （18）: 5592-5623.

［251］ Unal Y, Temur G T. Sustainable supplier selection by using spherical fuzzy AHP ［J］. Journal of Intelligent & Fuzzy Systems, 2022: 1-11.

［252］ VanCapelleveen G, Van Wieren J, Amrit C, et al. Exploring recommendations for circular supply chain management through interactive visualisation ［J］. Decision Support Systems, 2021, 140: 113-431.

［253］ Vargoj Seville E. Crisis strategic planning for SMEs: finding the silver lining ［J］. International Journal of production research, 2011, 49 （18）: 5619-5635.

［254］ Vega D, Arvidsson A, Saïah F. Resilient supply management systems in times of crisis ［J］. International Journal of Operations and Production Management, 2023, 43 （1）: 70-98.

［255］ Viswanadham N, Samvedi A. Supplier Selection Based on Supply Chain Ecosystem, Performance and Risk Criteria ［J］. International Journal of Production Research, 2013, 51 （21）: 6484-6498.

［256］ Wallace S W, Choi T M. Flexibility, information structure, options, and market power in robust supply chains ［J］. International Journal of Production Economics, 2011, 134: 284-288.

［257］ Wang J J, Li J J, Chang J. Product co-development in an emerging market: the role of buyer-supplier compatibility and institutional environment ［J］.

Journal of Operations Management, 2016 (46): 69-83.

[258] Wang Y, Hazen B T. Consumer Product Knowledge and Intention to Purchase Remanufactured Products [J]. International Journal of Production Economics, 2016, 181: 460-469.

[259] Wang K, Yang Y, Zhou J, et al. Fuzzy belief propagation in constrained Bayesian networks with application to maintenance decisions [J]. International Journal of Production Research, 2020, 58 (9): 2885-2903.

[260] Wang Y, Hong A, Li X, et al. Marketing innovations during a global crisis: A study of China firms' response to COVID-19 [J]. Journal of Business Research. 2020, 116: 214-220.

[261] Wilhelm M M, Blome C, Bhakoo V, et al. Sustainability in Multi-Tier supply chains: understanding the double agency role of the first tier supplier [J]. Journal of Operations Management, 2016, 41 (1): 42-60.

[262] Winkler H. Closed-loop production systems—A sustainable supply chain approach [J]. CIRP Journal of Manufacturing Science and Technology, 2011, 4 (3): 243-246.

[263] Wong C W Y, Lai K, Bernroider E W N. The performance of contingencies of supply chain information integration: The roles of product and market complexity [J]. International Journal of Production Economics, 2015, 165: 1-11.

[264] Wu D Y, Katok E. Learning, communication, and the bullwhip effect [J]. Journal of Operations Management, 2006, 24 (6): 839-850.

[265] Wu G C. Effects of socially responsible supplier development and sustainability-oriented innovation on sustainable development: empirical evidence from SMEs [J]. Corporate Social Responsibility and Environmental Management, 2017, 24 (6): 661-675.

[266] Yang C, Lan S, Tseng M L. Coordinated development path of metropolitan logistics and economy in Belt and Road using DEMATEL-Bayesian analysis

[J]. International Journal of Logistics Research and Applications, 2018, 22 (1): 1-24.

[267] Yang J, Xie H, Yu G, et al. Antecedents and consequences of supply chain risk management capabilities: an investigation in the post-coronavirus crisis [J]. International Journal of Production Research, 2020, 59 (5): 1573-1585.

[268] Yang J. Supply chain agility: Securing performance for Chinese manufacturers Author links open overlay panel [J]. International Journal of Production Economics, 2014, 150 (4): 104-113.

[269] Yang Y, Jia F, Xu Z. Towards an integrated conceptual model of supply chain learning: an extended resource-based view [J]. Supply Chain Management, 2019, 24 (2): 189-214.

[270] Yazdani M, Torkayesh A E, Stevic Z, et al. An interval valued neutrosophic decision-making structure for sustainable supplier selection [J]. Expert Systems With Applications, 2021, 183: 115-354.

[271] Yu W, Jacobs M A, Chavez R, et al. Dynamism, disruption orientation, and resilience in the supply chain and the impacts on financial performance: a dynamic capabilities perspective [J]. International Journal of Production Economics, 2019, 218: 352-362.

[272] Zhao T, Xie J, Chen Y, et al. Coordination efficiency in two-stage network DEA: Application to a supplier-manufacturer sustainable supply chain [J]. International Journal of Logistics Research and Applications, 2022, 25 (4-5): 656-677.

[273] Zhu M, Gao H. The antecedents of supply chain agility and their effect on business performance: an organizational strategy perspective [J]. Operations Management Research, 2021, 14: 166-176.

[274] Zhu Q, Krikke H, Caniëls M C J. Supply chain integration: value creation through managing inter-organizational learning [J]. International Journal of

Operations and Production Management, 2018, 38 (1): 211-229.

[275] Zolfani S H, Chatterjee P. Comparative evaluation of sustainable design based on Step – Wise Weight Assessment Ratio Analysis (SWARA) and Best Worst Method (BWM) methods: a perspective on household furnishing materials [J]. Symmetry, 2019, 11 (1): 74.

[276] Zouari D, Ruel S, Viale L. Does digitalising the supply chain contribute to its resilience [J]. International Journal of Physical Distribution & Logistics Management, 2020, 51 (2): 149-180.